Reinhard Deichgräber

Gottes Willen – erkennen und tun

BRUNNEN
VERLAG GIESSEN · BASEL

REIHE „GEISTLICH LEBEN“
Herausgegeben von Jörg Ohlemacher
in Zusammenarbeit mit Reinhard Deichgräber,
Siegfried Großmann, Ingrid Reimer und Ingrid Wilckens
im Auftrag der Stiftung Geistliches Leben

4. Auflage 2003

Umschlagmotiv: Imagebank, Frankfurt
Umschlaggestaltung: Ralf Simon
Satz: DTP Brunnen
Herstellung: St.-Johannis-Druckerei, Lahr
ISBN 3-7655-5482-0

Inhalt

Zur Einführung

Gerne tue ich, Herr, deinen Willen.
Psalm 40, 9

Dein Wille geschehe!" – so lautet die dritte Bitte des Vaterunsers. Immer wieder sprechen wir die Worte Jesu nach, meistens ohne uns viel dabei zu denken. Aber es gibt Augenblicke, da wird unser Sprechen lebendig, da drängen sich uns eben diese Worte mit Urgewalt auf, Augenblicke, in denen wir unsere Ohnmacht spüren, Situationen, in denen unser eigenes Wünschen und Wollen vor einem stärkeren Willen kapituliert.

Zuweilen aber mag es auch geschehen, daß wir uns ganz ruhig auf das besinnen, was die dritte Vaterunserbitte eigentlich meint. Was ist denn der Wille Gottes, um dessen Geschehen ich Gott selbst in meinem Gebet angehe? Bei vielen Menschen, die so fragen, stellen sich rasch zwei Gedankenverbindungen ein: Schwer zu erkennen ist der Wille Gottes – und noch schwerer zu erfüllen.

So legt sich leicht etwas Düsteres auf unsere Besinnung, und am Fragehorizont ziehen dunkle Wolken auf. Woher kann ich wissen, was Gott von mir will? Und wenn ich meine, ich habe es herausgefunden – wird es dann nicht eine unerhörte Forderung sein, so göttlich groß und unerbittlich, daß ich daran eigentlich nur scheitern kann?

Aber sollte Gott etwas anderes von mir erwarten als das, was er ist? Sollte der Gott, der die Güte und Menschenfreundlichkeit in Person ist, etwas Übermenschliches von uns fordern? Und sollte er sich womöglich einen Spaß daraus machen, uns Menschen nach seinem

Willen fragen zu lassen, diesen aber so vor uns zu verbergen, daß all unser Suchen sinnlos ist?

Die folgende Darstellung möchte dazu anleiten, die Menschenfreundlichkeit Gottes gerade auch in dem wahrzunehmen, was er von uns fordert. Sein Wille ist unser Wohlbefinden, ja unsere Rettung. Nicht mutlos und verzagt sollen wir sein, wenn uns der Wille Gottes begegnet, sondern tapfer und zuversichtlich, froh und begeistert.

Die einzelnen Abschnitte, die diesen Grundgedanken entfalten, bilden nicht nur einen Gedankengang, der geprüft und nachvollzogen sein will. Eher handelt es sich um eine Folge von Übungsschritten, die vom Einfachen zum Schwierigeren fortschreiten. Für protestantische Leser mag dies zunächst fremd sein. Wir kennen in unserem Glauben kaum so etwas wie eine Stufenfolge des Erkennens und Tuns. Wir fangen am liebsten mit dem Schwersten an und wollen alles auf einmal haben. Eine Einsicht, die etwa in Martin Luther rund zwanzig Jahre lang reifte, möchten wir unbesehen in ein paar Konfirmandenunterrichts-Stunden oder bei einer Wochenendtagung vermitteln und bleiben dabei an der Oberfläche intellektueller Bemühungen hängen. Geistliches Leben aber steht dem Erlernen eines Musikinstruments nahe. Nicht ein Wissen gilt es zu erwerben, sondern ein Können, und ein Tag, an dem weiteres Üben überflüssig ist, weil wir es im Können zur Meisterschaft gebracht haben, wird uns in diesem Leben ganz bestimmt nicht dämmern. Doch, wie das aus dem fernen Osten kommende Sprichwort sagt: Auch die längste Reise beginnt mit dem ersten Schritt.

Anfängliche Orientierung

Wann immer ein Mensch nach Gottes Willen fragt, wird dies im Rahmen eines Modells geschehen, dessen Konturen mehr oder weniger deutlich hervortreten.

„Herr, was willst du, daß ich tun soll?“ – so kann der Knecht seinen Herrn und die Magd ihre Herrin fragen. Dieses Modell ist wohl so verbreitet wie kein anderes. In der Bibel begegnet es uns überaus häufig, im Alten wie im Neuen Testament. Ist dies der Horizont meines Fragens? Empfinde ich mich selber als den Unfreien, der keinen eigenen Willen hat, der auch keinen eigenen Willen haben soll, sondern einzig und allein dazu bestimmt ist, einem fremden Willen zu gehorchen? Bin ich einfach nur ein zum Funktionieren bestimmtes Werkzeug, dessen sich ein anderer bedient?

Oder bewegt sich mein Fragen im Muster eines Vater-Kind-Verhältnisses? Auch dieses Modell kann sich auf so manche Bibelstelle stützen, wobei vor allem die Schriften des Neuen Testaments heranzuziehen wären. Erlebe ich mich Gott gegenüber in erster Linie als das kleine, unmündige und unselbständige Kind, das von seinen Eltern erzogen wird, das sie hierhin und dorthin schicken, das zu allerlei Arbeiten herangezogen und zu einem anständigen – früher sagte man „artigen“ – Betragen angehalten wird?

Oder folge ich in meinen Vorstellungen militärischen Mustern? Ist Christus der Feldherr und ich sein Soldat? Die Frage nach dem Willen Gottes käme dann wohl einem Befehlsempfang gleich, und christlicher Gehorsam wäre eine Art soldatischer Tugend. Bin ich Gott gegenüber derjenige, der stramm zu stehen hat, der seine Individualität möglichst wenig, am besten gar nicht zur

Geltung bringt? Auch eine solche Sichtweise kann sich auf biblische Redemuster stützen. So spricht Paulus den jungen Timotheus als „Streiter Christi“ an (2Tim 2,3), und von einem „Kriegsmann“, wie Luthers Übersetzung die Berufssoldaten der biblischen Zeit nennt, soll er lernen, sich auf seine Sache zu konzentrieren und sich nicht in Geschäftemacherei zu verlieren (2,4).

Wiederum eine andere Möglichkeit ist darin gegeben, daß ich mich selbst als „Jünger“, also als Schüler eines Meisters verstehe. Freilich nicht an einen Professor werde ich dabei denken, der nur Vorlesungen zum Mitschreiben hält oder mir das in einer Prüfung geforderte Wissen vermittelt. Vielmehr geht es um einen Meister, der mich leben lehrt, und das zuallererst ganz einfach durch die Art, wie er selbst lebt. Ein solcher Meister gleicht einem Gärtner, der seine Pflanzen zum Blühen bringen möchte. Seine Forderungen an mich bestehen nicht in etwas Fremdem, das er mir aufzwingt, sondern in der Freiheit, die er mir gewährt, in der Freiheit, daß sich meine ureigenen, meine schönsten Möglichkeiten entfalten. War das nicht die Lebensschule, in die Jesus seine Jünger berief?

Oder begegnet mir Gott als Arzt, dessen „Verordnungen“ meiner Gesundung dienen? Im 2. Buch Mose (15,26) stellt Gott sich seinem Volke Israel als Arzt vor. Manchmal erfahre ich mich Gott gegenüber wohl als ein Kranker, der schwer leidet, vielleicht am meisten an sich selbst, und guttut, die Anweisungen seines Arztes gewissenhaft zu befolgen.

Und schließlich wäre auch dies eine Möglichkeit: Ich sehe in Gott meinen Anwalt, der mich in Schutz nimmt und verteidigt. Nicht umsonst wird der Geist Gottes im Johannesevangelium als parakletos, als Advokat, bezeichnet (14,16). Wer je unter Verleumdung und ungerechter Anklage gelitten hat, weiß, wie nötig ich in solchen Fällen einen Rechtsbeistand brauche. Wo immer mir Menschen meine Rechte bestreiten, werde ich die Sache „meinem Anwalt übergeben". Er will mir zu meinem Recht verhelfen, und ich tue gut daran, wenn ich mich von dem beraten lasse, der mich vertritt.

Aber da ist noch ein ganz anderes Modell. Merkwürdigerweise wird es auch unter gläubigen Menschen kaum beachtet, obwohl Jesus selbst für diese Vorstellungsmöglichkeit eintritt und sie sogar ausdrücklich dem Herr-Knecht-Muster gegenübergestellt hat (Joh 15,15). Es ist ein Modell, das gar kein Gefälle von oben nach unten kennt, weder das Gefälle vom Stärkeren zum Schwächeren noch das vom Wissenden zum Unwissenden oder vom Freien zum Abhängigen: die freundschaftliche Beziehung.

Auch in einer Freundschaft hat jeder seinen oder ihren Willen, wenn anders die beiden Partner lebendige Menschen sind. Aber eines zeichnet den Freundesgehorsam aus: Ein Freund versteht die Absichten seines Freundes. Eine Freundin ist vertraut mit den Motiven, die hinter den Wünschen ihrer Freundin stehen. Jesus drückt dies aus, indem er auf das dumpfe Desinteresse im Gehorchen des Sklaven, wir könnten sagen in der Sklavenmoral, hinweist: „Ein Knecht weiß nicht, was sein Herr tut."

Ja, er weiß es nicht und wird es in der Regel auch nicht wissen wollen. Gehorchen müssen ist sein angeborenes Schicksal. Der Wille, dem er gehorcht, ist immer ein fremder. Freundschaft aber sagt: Dein Herzenswunsch ist mir nicht fremd. Ich verstehe, was du möchtest, und ich möchte es nicht weniger als du. Schon ehe du deinen Wunsch ausgesprochen hattest, habe ich ihn dir von deinen Augen abgelesen. Wo Wünschen und Wünschen sich vereinigen zu einem kräftigen Strom, da ist Freundschaft.

Welches Modell ist mir nahe, welches ist mir fern? Keines kann, für sich allein genommen, die ganze Wirklichkeit meines Fragens nach dem Willen Gottes abdecken. In verschiedenen Stadien meines Lebens werden unterschiedliche Modelle meine Beziehung zu Gott bestimmen. Immer aber sollte uns bewußt sein, wie der lebendige Gott selbst alle diese Muster sprengt. Gewiß, er ist Herr, Vater, Meister, Arzt und Anwalt, und doch auch wieder anderes noch und mehr als alles dies zusammen. Unser Fragen nach dem Willen Gottes leidet so leicht am Kleinmut unseres Herzens, der unser Fragen eng macht und verkrampfen läßt. Darum, wer nach dem Willen Gottes fragt, sollte ihm viel zutrauen und sich nicht vor überraschenden Antworten fürchten, durch die Gott den allzu engen Erwartungshorizont unseres Fragens weitet.

Diese Öffnung ist sozusagen eine Elementarübung, darum steht sie hier ganz am Anfang. Solange wir in unserem Fragen Gott Vorschriften machen, was er anordnen darf oder was er zu wollen hat und was er auf keinen Fall von uns verlangen kann, werden die Antworten, die wir empfangen, armselig bleiben. Gott aber ist nicht einfallslos, und sein Wille ist voll überraschender, schöpferischer Kraft.

Gottes erstes Wort

Gottes erstes Wort war ein Befehl. Als seine Stimme das uranfängliche Schweigen durchbrach, ertönte nicht eine geistreiche Reflexion, sondern eine Kundgabe seines ewigen Willens: „Es werde Licht!“ (1Mo 1,3).

Unglaublich groß ist die Zahl der von Gott ausgesprochenen Befehle in den verschiedenen Büchern der Bibel. Soweit ich weiß, hat noch keiner es unternommen, diese Imperative zu zählen. Aber das tut auch nicht not, die Feststellung, daß es unerhört viele sind, reicht völlig aus, um deutlich zu machen, daß der Imperativ offenbar Gottes bevorzugte Redeform ist.

Ob uns das vielleicht unangenehm berührt? Der Gott der Bibel – ein Gott, der am liebsten kommandiert? Aber damit würden wir die Redeform des Befehlens viel zu schnell in eine ganz bestimmte Ecke drängen. Es gibt ja auch Imperative, die nichts anderes sind als eine freundliche Einladung. Ein Befehl wie „HALT!" kann, etwa im Straßenverkehr, ein Leben retten.

Angemessen ist es, wenn wir feststellen, daß sich im Imperativ der Wille zur Veränderung ausspricht, ja daß die Befehls- und Wunschformen unserer Sprache recht eigentlich die Kategorie von Wechsel und Wandel darstellen, während die Indikative, die Erzählformen, dem Berichten und Beschreiben zugeordnet sind.

Also: Der lebendige Gott ist ein Freund imperativischer Redeweise, weil ihm Veränderung, Wechsel und Neuwerdung am Herzen liegen, und so ist es nicht zufällig, daß die biblische Geschichte mit einem Befehl beginnt: „Es werde Licht!" Das ist also Gottes Wunsch und Wille. Nicht Finsternis und Chaos sollen die Welt beherrschen. Dem Nebel der Zweideutigkeiten und der Verschleierung sagt der Schöpfer den Kampf an. Klarheit ist es, woran er seine Freude hat, ein klares Ja und ein klares Nein.

Aber das Verlangen nach Licht ist nur ein Anfang. Eine Kaskade von weiteren Willensäußerungen folgt: Eine feste Mauer soll es geben, die die Wassermassen voneinander trennt, und Wasser und Land sollen klar gegeneinander abgegrenzt sein. Nicht ein diffuses Ineinanderfließen will der Schöpfer, sondern deutliche Konturen. Und Pflanzen soll es geben, nicht nur einige, sondern viele, und klar gegliedert sollen sie sein, verschiedene Arten sollen sich bilden, und fruchtbar sollen sie sein.

Doch auch damit ist die sprudelnde Quelle göttlichen Wollens nicht erschöpft: Himmelskörper sollen das Firmament schmücken, Sonne, Mond und Sterne, und eine Ordnung der Zeit sollte es geben, so daß die Zeit nicht in öder Monotonie dahinfließt, sondern im Rhythmus des Wechsels von Tagen und Nächten, von Wochen und Monaten und Jahren und von festlichen und festlosen Zeiten. Und Tiere sollen die Erde bevölkern, auch sie nicht in vereinzelter Seltenheit, sondern in wimmelnder Fülle, im Wasser und unter dem Himmel. Und auch die Tiere sollen ihre je besonderen Arten bilden, und fruchtbar sollen sie sein, und einen besonderen Segen bekommen sie dazu.

Und weiter geht es: Auch auf dem festen Land soll es Tiere geben, Lebewesen in verschiedensten Gestalten. Und einen fürsorglichen Herrscher sollen sie haben, ein Lebewesen, das den Namen bekommt, der eigentlich der schönste von allen ist: MENSCH, ein Spiegel Gottes selbst, königlich frei und mit einem besonderen Segen begabt und mit einer Rolle betraut, die der große Dramaturg ihnen selbst auf den Leib geschrieben hat. Und alles dies sollte nicht nur da sein, sondern gut sein, denn der Schöpfer achtet auf Qualität, und wer immer auf Qualität besteht, verlangt nach dem, was Gott selbst wichtig war und wichtig ist.

All dieses Strömen göttlichen Wünschens, diese sprudelnde Folge von Kaskaden, mündet in einen letzten großen Gotteswunsch: Ruhe sollte sein, Ruhe, ganz gewiß auch zur Erholung, zur Regeneration verbrauchter Kräfte (die offenbar auch Gott von Zeit zu Zeit nötig hat!), aber mehr noch: Ruhe als Zeichen der Freiheit, als Möglichkeit dessen, der schaffen kann, aber dies nicht unter allen Umständen und um jeden Preis tun muß, weil er nämlich keinem Leistungszwang unterworfen ist, und darum: gesegnete, geheiligte Ruhe – Sabbat!

So begegnet uns der Wille Gottes am Anfang aller Geschichte, auf dem ersten Blatt der Bibel. Ziehen wir die Schuhe von unseren Füßen, denn der Text, den wir da lesen, ist heilig wie kein anderer! Nur dem ehrfürchtig Schweigenden erschließt sich dieser Ur-Wille des Schöpfers, dem Dasein lieber ist als Nichtsein, dem Vielfalt und Fülle lieber sind als Vereinzelung, dem die Gestalt am Herzen liegt und nicht die Formlosigkeit, der den Vorgang will und nicht den unveränderlichen Zustand und der sich nicht bestechen läßt, wenn es um Güte und Schönheit geht, und niemals die Qualität dem Profit opfern wird.

Auch Empfangen will gelernt sein

Die Frage nach dem Willen Gottes ist für die meisten Menschen ein Thema der Ethik. Was ihnen dabei inhaltlich zuerst in den Sinn kommt, ist das Liebesgebot, vielleicht sogar das Gebot der Feindesliebe. Nun ist das Gebot, seinen Nachbarn zu lieben wie sich selbst, tatsächlich ein Grundsatz, eine Zusammenfassung biblischer Gemeinschaftsethik, und doch gehört es nicht an den Anfang. Es ist, sagen wir: Lektion zehn oder zwölf. Was aber müßte ganz am Anfang stehen?

Die Überschrift über die erste Lektion könnte lauten: Laß dich beschenken! Es ist merkwürdig, daß das Thema „Gottes Wille“ uns kaum je an die einfachen Imperative denken läßt, wie sie uns beispielsweise in der Feier des Heiligen Abendmahls begegnen, wenn wir die einladenden Worte hören: „Kommt! Es ist alles bereit! Schmecket und sehet, wie freundlich der Herr ist!“ Und bei der Austeilung der gesegneten Gaben: „Nimm hin und iß! Nimm hin und trink!“ Oder, wie es im Psalter heißt (81, 11): „Tu deinen Mund weit auf; ich will ihn füllen!“

Damit fängt unser Leben an. Wir empfangen unser Leben wie ein Geschenk und sind aufgefordert, diese Gabe anzunehmen. Auch was wir zum Leben brauchen, wird uns gegeben, und Gott erwartet von uns, daß wir es uns gefallen lassen.

Aber, so möchte mancher einwenden, ist das nicht läppisch? Sind das nicht lauter Selbstverständlichkeiten? Es ist merkwürdig, wie unser Geist immer gleich nach dem Schwierigsten verlangt, wie jener syrische General Naaman, von dem die Bibel erzählt (2Kö 5). Naaman wurde vom Aussatz befallen, und, dem Rat einer jüdischen Beutesklavin folgend, suchte er den Propheten Elisa in Samaria auf in der Hoffnung, von ihm geheilt zu werden. Er wäre bereit gewesen, alles zur Heilung Dienliche zu tun, was immer der Gottesmann ihm auferlegen würde. Doch als Elisa ihn nicht einmal persönlich empfing, sondern ihm lediglich durch einen Boten ausrichten ließ, er solle sich siebenmal im Jordan untertauchen, da platzte ihm der Kragen. Das war ihm schlichtweg zu simpel. Solche Einfachheit war unter seiner Würde. Doch Naaman hatte kluge Diener, und die sagten zu ihm (Vers 13): „Lieber Vater, wenn dir der Prophet etwas Großes geboten hätte, hättest du es nicht getan? Wieviel mehr, wenn er zu dir sagt: Wasche dich, so wirst du rein!"

Ja, wenn Gott uns etwas Großes aufträgt, dann sind wir gerne zur Stelle. Aber wenn er uns zum Essen und Trinken einlädt, können wir uns kaum vorstellen, daß auch das Gottes Wille ist, daß wir uns versorgen und bedienen lassen.

Aber ist nicht „des Menschen Sohn gekommen, nicht um sich bedienen zu lassen, sondern um zu dienen" (Mk 10,45)? Ja, gewiß, so steht es von ihm geschrieben, so hat er es selbst gesagt. Aber, was wir so leicht vergessen, als Gott Mensch wurde, da hat er die Kindheit nicht übersprungen. Er ist nicht, kaum daß er auf unserer Erde erschienen war, in die Rolle des bedürfnislosen Heiligen geschlüpft, der immer nur für andere da sein will. Keine Stufe hat er ausgelassen, auch nicht die des schreienden Säuglings. Wollen wir größer sein als ER?

Warum fällt uns diese Lektion so schwer? Was ist es überhaupt, was es da zu lernen gibt? Jeder von uns kennt Menschen, die es auch als Erwachsene nicht gelernt haben, sich beschenken zu lassen. Wenn ich ihnen etwas mitbringe, werden sie sich sträuben und zieren: „Aber das war doch nicht nötig!" „Aber das sollten Sie doch nicht!" Oder: „Wie kann ich Ihnen das denn wiedergutmachen?" Ja, wenn schon Schenken, dann auf Gegenseitigkeit, dann muß es eine Art Tauschhandel sein, dann muß die Gabe taxiert werden, und Wert wird gegen Wert berechnet. Warum in aller Welt wird die Annahme verweigert oder das Geschenk zur Tauschware erniedrigt?

Es ist unser Stolz, der uns im Wege steht. Wir leben eben doch – sogar mit evangelischem Bekenntnis und Luthers Kleinem Katechismus – von unseren Leistungen. Jedes echte, ehrlich gemeinte Geschenk sprengt die engen Grenzen, die das Leistungsdenken zieht. Die Welt der frei gewährten Gaben ist eine Gegenwelt zum Reich von Leistung und Lohn, von Geldwert und Ware. Ob wir darum immer so schnell bei den vermeintlich größeren, den eigentlichen Forderungen Gottes ankommen? Wo es um Selbstlosigkeit geht, da können wir glänzen, oder zumindest bilden wir es uns ein. Mit den Gebärden des Empfangens, mit dem weit geöffneten Mund oder der ausgestreckten Bettlerhand dagegen ist kein Ruhm zu verdienen.

Schließlich: Das Empfangen als eine Art Elementargebärde bezieht sich ja keineswegs nur auf Essen und Trinken oder ähnliche Gaben. Alles, was sich nicht unserem Leistungsvermögen verdankt, ist Geschenk und will ungeziert und unverstellt angenommen sein. So verlangt auch die in der Bibel so geläufige Aufforderung „Höre!“ von uns nichts anderes als demütiges Empfangen, denn wir produzieren ja nicht das, was wir hören, sondern es wird uns gegeben. Nicht anders ist es mit dem biblischen „Siehe!“, das uns einlädt, ein Bild zu empfangen. Unsere Sinnesorgane lassen sich mit Empfangsantennen vergleichen. Und unser Können, unsere Fertigkeiten? Sie sind am Ende auch nur Gaben, geschenktes Können, empfangene Kunst. Sich beschenken zu lassen ist wirklich ein Kunststück und immer neuer Übung wert. Nicht umsonst beginnt unser Leben, auch das, was wir „geistliches Leben“ nennen, ganz einfach damit, daß wir es empfangen, und so bleibt es, bis unser letztes Stündlein schlägt.

Wie man das Wünschen lernt

Zu den häufigsten „Befehlen“ Gottes in der Bibel gehört die Aufforderung: „Bittet!“ Wir kennen sie etwa aus dem Wort Jesu in der Bergpredigt: „Bittet, so wird euch gegeben“, und wir haben vielleicht auch noch im Ohr, daß dies Gebot mit einer wunderbaren Zusage verknüpft ist: „Wer bittet, empfängt“ (Mt 7,7–8). Auch an vielen anderen Stellen macht das biblische Wort den Bittenden die größten Versprechungen. Paulus aber kann so weit gehen, daß er das Bitten nicht nur als gelegentliche Praxis empfiehlt, sondern als dauernden Lebensausdruck: „Betet ohne Unterlaß!“ (1Thes 5,17).

In der Regel verstehen wir solche Worte als Mahnung zu einer religiösen Übung, zum Gebet. Allerdings wird solche Übung leicht zur frommen Pflichtübung. Sie treibt uns schnell in die Alternative, daß wir sie entweder diszipliniert, in Treue, doch ohne Freude ausführen, oder aber von Lustlosigkeit übermannt werden, so daß wir die Übung aufgeben – ein Versäumnis, für das wir dann mit einem schlechten Gewissen bezahlen. So oder so aber sind wir aus dem Kreis göttlicher Großzügigkeit, in den uns die Mahnung „Bittet!“ einmal gestellt hat, längst herausgefallen und haben uns dafür im Umfeld menschlicher Engherzigkeit und Kleinkariertheit niedergelassen. Wenn das Gebet zu etwas geworden ist, das wir tun „müssen“, ist das Beste immer schon verloren.

Unser Beten, gerade auch da, wo es in Treue geübt wird, leidet oft daran, daß es sich auf wackeligen Fundamenten erhebt. Was aber wäre ein solides Fundament für unser Beten? Eine von Wünschen und Sehnsüchten übervolle Seele, die sich mit ihren Klagen und Bitten vertrauensvoll an den wendet, der sie bitten heißt. Es ist wie eine

Gleichung, die nicht aufgehen kann, wenn wir das Gebet als fromme Übung propagieren und gleichzeitig uns und anderen das Wünschen madig machen. Wünsche haben gilt als unfein, und so schämen wir uns unseres Begehrens, zumal wenn wir ganz einfach etwas für uns selbst wollen. Je mehr Wünsche wir in uns entdecken, desto unwohler wird uns. „Wer soviel wünscht – der Vater spricht's –, der kriegt nicht mal ein Achtel, der kriegt ein ganz klein wenig Nichts in einer Dreierschachtel!" Welcher Vater spricht hier? Jedenfalls nicht der himmlische Vater. Der spricht ganz anders. Er wirbt geradezu um unsere Wünsche, er möchte sie hören, niemals werden sie ihm lästig, und seinen Kindern ihre Wünsche erfüllen, ist seine größte Freude. War es nicht gerade dies, was das Pharisäergebet in Gottes Augen so unappetitlich machte, daß dieser Mann keine Wünsche hatte, während der Zöllner alles, was er zu sagen hatte, in den einen Herzenswunsch packte, daß Gott ihm, dem Sünder, die Freundschaft nicht aufkündigen möchte (Lk 18,9–14)?

Unsere Wünsche sind unser bestes Teil, Zeichen unserer Lebendigkeit und unserer Bedürftigkeit, Ausdruck dafür, daß wir nicht autark sind, sondern tagaus tagein der Hilfe bedürfen, im Großen wie im Kleinen. Und es ist die Hilfsbedürftigkeit, die uns menschlich macht; es ist das Eingeständnis unserer Hilfsbedürftigkeit, das uns in den Augen Gottes wie denen unserer Nächsten liebenswert sein läßt. Wer von Wünschen überquillt, ist noch nicht fertig. Dem kann man noch eine Freude machen. Ein Mensch ohne Wünsche ist wie lebendig tot. Er entwickelt sich nicht mehr, und damit fehlt ihm das wichtigste Merkmal alles Lebendigen.

Natürlich gibt es auch törichte, sinnlose Wünsche. Das Wünschen ist schon eine Kunst. So erzählt das deutsche Märchen von einem altgewordenen Paar, das den Besuch einer gütigen Fee bekommt, die den beiden Alten drei Wünsche freigibt, die sich bestimmt erfüllen werden. Aber das großzügige Angebot bringt den beiden kein Glück, weil sie in ihrer Torheit zunächst nur Unsinniges wünschen, erst der Mann und dann die Frau. Und dann bleibt ihnen der dritte Wunsch nur noch für die nun notwendig gewordene Bitte um Erlösung von dem gewünschten Unsinn.

Dies mag der Hintergrund sein, wenn in einer Geschichte von Michael Ende („Die Zauberschule") die Kinder, die bei ihrem Lehrer, Herrn Silber, das Wünschen lernen sollen, sich eine dreifach gegliederte Regel der Wunschkraft einprägen müssen:

1. Du kannst nur wirklich wünschen, was du für möglich hältst.
2. Du kannst nur das für möglich halten, was zu deiner Geschichte gehört.
3. Nur das gehört zu deiner Geschichte, was du in Wahrheit wünschst.

Ich denke, die biblischen Psalmen, oder auch die Anliegen, mit denen sich im Neuen Testament Menschen an Jesus wenden, sind voll von Beispielen für die Bedeutung dieses Kriteriums: „Was zu deiner Geschichte gehört."

Unter den vielen seelischen Störungen, an denen ein Mensch erkranken kann, ist eine, die darin besteht, daß der leidende Mensch nicht zu bitten versteht. Er oder sie weiß nicht zu bitten, weil sie ihre eigenen Wünsche nicht mehr kennt. Es ist, als sei der Kontakt zu den Wünschen verlorengegangen. Das Land der Wünsche, das so wunderbar ist, gleicht einem verschlossenen Paradies. Jeder Appetit auf Leben scheint erstorben,

Hunger und Durst sind erloschen. Sie werden nicht mehr gefühlt. Depression heißt diese Krankheit mit ihrem modernen medizinischen Namen.

Wenn Gott unser Bitten will, dann wirbt er um unser Vertrauen. Dabei denken wir mit Recht vor allem an das Vertrauen, das der Bittende dem entgegenbringt, den er bittet. Aber diesem Vertrauen muß etwas vorausgehen: das Wort, das der Scham, mit der ich mich meiner Wünsche schäme, ein Ende macht. So wollte Gott seine Menschenkinder haben: vertrauensselig und ein bißchen (oder noch mehr?) unverschämt, ein Wesen, das seine Wünsche so selbstverständlich äußert wie ein hungriges Kind seine Eltern um etwas zu essen angeht (Mt 7, 9–11). Vielleicht ist dieses Wort das wichtigste und wirksamste, wenn ein Mensch von seinen Depressionen los und ledig werden möchte.

Fürchte dich nicht!

Auch diese Aufforderung finden wir in der Bibel oft im Munde Gottes und seiner Boten. Vielleicht ist es sogar der häufigste göttliche Imperativ in der Heiligen Schrift. Es scheint geradezu, als hätten wir Menschen keine Mahnung so nötig wie diese: Fürchtet euch nicht! So hört es der Patriarch Abraham (1Mo 15, 1), so auch sein Sohn Isaak (26, 24) und sein Enkel Jakob (46, 3). So ermutigt Gott Propheten wie Jeremia (1,8) und Daniel (10,19) oder einen mutlosen König wie Ahas (Jes 7,4). So wendet er sich aber auch seinem Volk Israel in gefahrvollen Stunden seiner Geschichte zu (2Mo 14, 13; Jes 43, 1). Nicht anders ist es im Neuen

Testament. „Fürchte dich nicht, Maria!“, so hört es die Mutter Jesu aus dem Mund des Engels (Lk 1,30), „Fürchtet euch nicht!“, so spricht der Bote Gottes zu den Hirten in der Weihnachtsgeschichte (Lk 2,10). Ebenso tröstlich ergeht das Wort an die Apostel Petrus (Lk 5,10) oder Paulus (Apg 18,9; 27,24) oder den Seher Johannes am Beginn der Offenbarung (1,17). Besonders schön erklingt die Mahnung da, wo sie – wie bei Maria – mit der Nennung des Namens der Angesprochenen verbunden ist. Wieviel Beruhigung und Ermutigung kann ich schon darin erfahren, daß jemand mich mit meinem Namen anredet!

Warum haben wir diese Mahnung so ganz besonders nötig? Weil Gott uns Menschen etwas zumutet, was er unter allen seinen Geschöpfen sonst keinem anderen abverlangt: daß wir wissentlich leiden, wissentlich schuldig werden und wissend auf unseren Tod zuleben. Wer hätte sich nicht schon danach gesehnt, einmal so unbewußt leben zu können wie ein Tier oder gar eine Pflanze! Nichts vom eigenen Sterbenmüssen wissen oder ahnen, kein Versäumnis, kein Versagen spüren, von keiner Frage nach dem Sinn unseres Daseins umgetrieben und von keiner Zukunft erschreckt! Endlich und begrenzt zu sein ist eines, um seine eigene Endlichkeit wissen ein anderes. Ein Leben führen, das schlechterdings zufällig ist, ist nicht so schwer, solange mir dies nicht bewußt ist. Aber die eigene Zufälligkeit geradezu körperlich spüren und dies Gefühl nicht auslöschen können, das ist eine Zumutung, eine Zumutung Gottes an alle seine Menschenkinder.

Wir reagieren auf solche Erfahrung mit Angst. Aber die Angst, die uns zu schaffen macht, ist nicht die eines Tieres, dem die Angst in akuter Gefahr Signal und Kraftquelle sein kann. Es scheint so, als sei die Angst unsere ständige Begleiterin, die sich manchmal ein wenig versteckt, so daß wir sie kaum spüren, zu anderen Zeiten aber sich kräftig regt und uns mehr zu schaffen macht, als uns lieb ist, und das auch in Situationen, in denen eigentlich wirklich keine akute Bedrohung wahrzunehmen ist. Eigentlich – aber was uns Menschen gefährdet, sind eben keineswegs nur manifeste Katastrophen wie Erdbeben oder Gewitter, bösartige Feinde oder mögliche Unfälle in unserer hochtechnisierten Welt, sondern etwas Allgegenwärtiges, unsere eigene, ach so unnötige und fehlsame Existenz.

Menschliches Leben ist darum immer nur im Trotz möglich, im Trotz gegen das Fühlen von Endlichkeit und Schuld. Es ist eben diese Trotzkraft, die das göttliche „Fürchte dich nicht!" in uns wecken möchte. Bitter nötig haben wir es immer wieder, dieses Trotzen samt dem Wort, das den Trotz stimuliert und die Angst in ihre Schranken weist.

Doch wie wirkt das göttliche Wort? Mehr als bei manchen anderen biblischen Aussagen spüren wir hier, wie die Überzeugungs- und Wirkkraft des „Fürchte dich nicht!" schwerlich in den Druckbuchstaben unserer Bibeln liegt. Es ist auch nicht das, was der moderne Sprachwissenschaftler die Semantik des Wortes nennen würde, sondern sein Klang. Hören wir also das göttliche Wort, indem wir aufmerksam seinem Klang lauschen! Hören wir, wie der ewige Gott es unablässig in unserem Herzen spricht: „Fürchte dich nicht!" Es ist ein göttliches Urwort und Gottes ureigenes Heilmittel gegen unser Zittern und Zagen.

Der negativ formulierten Aufforderung „Fürchte dich nicht!" entspricht auf der positiven Seite die Mahnung „Glaube nur!" (Mk 5,36). Je mehr sich die Angst dahin zurückzieht, wo sie ihren legitimen Ort hat, kann sich das Vertrauen ausbreiten. Es ist, als stritten sich in unserem Inneren Angst und Vertrauen um das Wohnrecht in unserem Herzen. Das göttliche Wort setzt das Vertrauen in seine Rechte ein und öffnet ihm die Türen.

Es wäre kaum angemessen, wenn wir aus alledem die Folgerung ziehen würden, ein Christ kenne keine Angst. Es gibt solche Träume und Sehnsüchte, in denen wir nach einem von aller Angst bereinigten Leben verlangen, aber derartige Wünsche haben wohl nichts mit unserer Geschichte zu tun, um das früher angeführte Wort von Michael Ende noch einmal aufzugreifen.

Wie dicht Angst und Mut beieinander sind, kommt schön zum Ausdruck in einer Formulierung von Karle Baker, die der südafrikanische Schriftsteller Alan Paton so gerne zitiert hat: „Courage is fear which has said its prayers" – „Mut ist Furcht, die ihr Gebet gesprochen hat." So sind wir nicht zu irgendeinem Heroismus aufgerufen. Aber die Angst muß nun nicht mehr ins Unermeßliche wachsen. Sie soll uns nicht auffressen, so daß wir am Ende nur noch Angst sind und unser Leben damit zubringen, daß wir, von Angst getrieben, einen aussichtslosen Kampf gegen vermeintliche oder tatsächliche Gefahren kämpfen. Der Allmachtsanspruch der Angst ist bestritten. Wir müssen nicht mehr unserer eigenen Angst entlaufen, können es ja auch gar nicht. Manchem mag dies ein enttäuschend bescheidenes Ziel sein. Aber täuschen wir uns nicht: Wo ein Mensch gelernt hat, seiner eigenen Angst ins Angsicht zu schauen, da ist viel gewonnen. Und offenbar ist der Angst nichts so unlieb wie dies, daß ein Mensch es wagt, sich seine eigene Furcht einzugestehen, anstatt sie zu verleugnen und zu betäuben. „Fürchte dich nicht!" – das meint: Gewöhne dich daran, im Angesicht deiner Furcht ans Werk zu gehen, geh mit deiner Angst und trotz deiner Angst, und du wirst schon sehen, was dir und deiner Angst dabei geschieht.

„Seine Gebote sind nicht schwer!“

Kaum ein biblischer Satz ist so provozierend wie dieses Wort, das der Apostel Johannes in seinem ersten Brief (5,3) geschrieben hat. Er deckt sich so wenig mit unserer Erfahrung, daß auch gläubige Menschen darüber ungläubig den Kopf schütteln.

Aber wir haben richtig gelesen, es handelt sich nicht um einen Druckfehler oder eine fragwürdige Überlieferung. Und wenn das Wort im Ganzen der Heiligen Schrift einen gewissen Seltenheitswert hat, so ist es doch nicht ohne jede Parallele. Mit ähnlichen Worten hat Jesus selbst seine Botschaft charakterisiert. Er hat von einem „sanften Joch“ und einer „leichten Last“ gesprochen und darin sogar ein wesentliches Unterscheidungsmerkmal zu den Standards der zeitgenössischen Frömmigkeit der Gesetzeskundigen und der Pharisäer gesehen.

Den Zusammenhang, in dem diese Aussagen stehen, pflegt man den „Heilandsruf“ zu nennen (Mt 11, 28–30), weil Jesu Worte mit einer Einladung an die „Mühseligen und Beladenen“ beginnen, die er betont zu sich ruft, damit sie bei ihm Erquickung finden können. Wer sind diese „Mühseligen und Beladenen“? Das griechische Wort, das Luther mit „mühselig“ wiedergegeben hat, meint Menschen, die sich mit etwas Schwierigem abmühen, ja vielleicht sogar quälen. In unserer heutigen Umgangssprache können wir das Wort „erschöpft“ verwenden. Das Schwierige aber, um das sich Menschen bis zur Erschöpfung mühen, muß nicht unbedingt eine harte körperliche Arbeit oder ein kompliziertes Denkproblem sein. Das Nachbarwort, „Beladene“, weist auf einen anderen Zusammenhang. Jesus meint Menschen, die sich in religiöser Hinsicht überfordern oder besser: von anderen überfordern lassen. Die Kontrastparallele (Mt 23,4) zeigt, woran Jesus denkt. Hier charakterisiert er die religiösen Führer seiner Zeit mit folgenden Worten: „Sie binden schwere Bürden und legen sie den Menschen auf den Hals, aber sie selbst wollen sie nicht mit einem Finger anrühren." Wir wollen uns nicht lange damit aufhalten, den zeitgeschichtlichen Hintergrund dieses Wortes in der jüdischen Frömmigkeit jener Tage aufzuhellen, denn was Jesus hier anspricht, ist ein sehr allgemeines religiöses Phänomen, das auch der Kirche wahrhaftig nicht fremd und bis heute nicht ausgestorben ist. Es sind die Prediger, deren heimlicher, meistens gar nicht bewußter Leitsatz lautet: Radikalität ist das Kennzeichen der Wahrheit! Je radikaler der Wille Gottes verkündet wird, desto biblischer, desto christlicher ist die Predigt. Steil muß unser Ethos sein, und je steiler es ausfällt, desto wahrer ist es auch, und wer diese steilen Wege nicht mitgeht, hat nicht verstanden, worum es im Glauben geht. Daß Menschen auf diesen steilen Kletterpfaden buchstäblich „auf der Strecke bleiben", wird nicht bedauert. Im Gegenteil, es ist ja geradezu Absicht, und da nach Meinung solcher Prediger die Ehre Gottes auf dem Spiel steht, gibt es keine Gnade, kein Pardon.

Am Ende aber gleichen wir Christen dem Sisyphus und betrachten es als Tugend, sich und andere zu überfordern. Ein schlimmer Kreislauf wird so in Gang gesetzt: Hier kann der Mensch ja nur scheitern! Schuldig sind aber immer die Gescheiterten und nicht die Prediger der Maßlosigkeit. Wer so schuldig geworden ist, muß sich zu seiner Schuld bekennen und um Vergebung bitten, und wenn er die Absolution empfangen hat, wird er mit den Worten „Sündige hinfort nicht mehr!" wieder auf den schwindelnd steilen Pfad geschickt, und die Sisyphusarbeit beginnt von vorne. All diese von Überforderung Erschöpften ruft Jesus zu sich, damit sie bei ihm endlich finden, was ihnen anderswo verweigert blieb: Erholung und Erfrischung.

Aber hat nicht Jesus selbst ein steiles Ethos vertreten? Gilt nicht die Bergpredigt als eine einsame Spitze menschlicher Wertvorstellungen? Schon das böse Wort – ein Mord! Schon der begehrliche Blick – Ehebruch! Feindesliebe, auf Besitz verzichten, sich keine Sorgen machen – sind das nicht auch lauter Sisyphusaufgaben? Wie kann Jesus mit solchen steilen Forderungen das Bild vom angenehmen Joch und der leichten Last, die der Träger kaum spürt, verbinden?

Immerhin, Jesus stellt hier nicht einfach Behauptungen auf, sondern gibt auch eine Begründung. Wer immer sich an die Bergpredigt wagt, tut gut, diese Begründung sorgfältig zu bedenken und sie wie ein Vorzeichen vor einer Rechnung zu beachten. Das „sanfte Joch“ und die „leichte Last“ haben etwas zu tun mit einer Selbstcharakterisierung Jesu. Er bezeichnet sich als „sanftmütig und von Herzen demütig“ (V. 29). Die Forderungen der Bergpredigt kommen nicht aus einem titanischen Geist, sie sind nicht Ausgeburten himmelstürmenden Hochmuts (und was anderes als Hochmut sind unsere ethischen Radikalismen!), sondern kommen aus einer sanftmütigen Gesinnung, die Jesus zuallererst nicht propagiert, sondern gelebt hat.

Was aber ist mit den Worten „sanftmütig und von Herzen demütig“ gemeint? Der Grundtext läßt an Milde und Bescheidenheit denken. Jesus ist kein Ausbeuter, und seine „Ethik“ zielt nicht darauf, das Äußerste aus den Menschen herauszuholen. So kompromißlos scharf seine Worte sind – sie wollen nicht aus Menschen Engel machen, sondern lassen den Menschen Mensch sein. Jesu Bergpredigt sagt, was man bei Menschen finden kann, die in der Festfreude des Himmelreichs leben. Bekanntlich sind ja die meisten Menschen auf Hochzeiten etwas anders als sonst. Das Himmelreich, der Glaube, aber ist Hochzeitsfreude angesichts der unglaublich gütigen Einladung, die Gott hat ausgehen lassen, zu einem Fest, das nicht weit weg (streng transzendent!) ist, sondern ganz nahe.

Die „Demut" Jesu aber ist die Gewähr dafür, daß am Ende nicht ein neuer ethischer Überschwang steht. Demütig mögen wir einen Menschen nennen, der es gelernt hat, seine Grenzen zu erkennen und zu respektieren. Demütig ist, wer weder das ihm anvertraute Pfund vergraben möchte noch das mit seiner Begabung gesetzte Maß zu überschreiten trachtet. Vielleicht verstehen wir so, warum in Jesu Augen dies die eigentliche und damit auch die schwerste Sünde ist: die Heuchelei, der Versuch, etwas vorzutäuschen, was ich weder bin noch sein soll.

Wer je von spirituellen Dompteuren dazu angehalten worden ist, als Elefant das Fliegen zu erlernen oder als Wurm den Nachtigallengesang, der weiß, wie erquickend es für den Elefanten ist, wenn nur noch Elefantentugenden von ihm erwartet werden, und wie sich der Wurm erholen kann, wenn er nicht mehr singen muß, sondern einfach nur noch zu kriechen braucht. Wohl mag es sein, daß wir manchmal das Gefühl haben, Menschlichkeit sei etwas Anstrengendes, Schwieriges, schwer zu Leistendes. Und doch gilt, daß es die Übermenschlichkeit ist, an der wir uns verheben, während alle wahre Menschlichkeit etwas Erquickendes an sich hat – für den, der sie übt, wie für den, der sie genießt.

Teilhaben an Jesu Demut und von ihm lernen, die uns Menschen gesetzten Grenzen zu respektieren, hat sozusagen zwei Dimensionen. Die eine ist allgemein und überpersönlich, wie wir es hier eben angesprochen haben. Menschen sollen Mensch sein, nicht mehr und nicht weniger. Eine zweite Dimension ist mit dieser ersten unlöslich verbunden. Sie ist individuell und meint das höchstpersönliche, individuelle Maß, das jedem einzelnen Menschen gesetzt ist und für jeden Menschen verschieden ausfällt. Nicht umsonst bekommt in Jesu Gleichnis jeder der drei Knechte einen anderen Betrag anvertraut (Mt 25,15). Nach der individuellen „Tüchtigkeit“ oder, wie wir doch besser übersetzen, nach der individuellen Eignung oder nach den ganz persönlichen Möglichkeiten des einzelnen richtet sich die Höhe des Betrags. Wohl empfängt jeder der drei Knechte eine unvorstellbar hohe Summe (schon ein Talent ist ein Millionenvermögen!), aber Gleichmacherei ist dem Herrn dieser Knechte offenbar zuwider. Also auch hier ist zu sehen, daß im Ethos Jesu nicht die Überforderung der Menschen zum ethischen Prinzip erhoben, sondern im Gegenteil auf das Sorgfältigste vermieden wird.

Rigoristen werden bei solchen Gedanken das Ende aller ernsthaften Ethik gekommen sehen. Aber wenn sie es nur einmal versuchen würden mit dem „sanften Joch“ Jesu, ihre Sorge vor einem Zusammenbruch von Sitte und Moral würde sich auflösen wie der Nebel, sobald die Morgensonne an Höhe gewinnt. Und sicher würden sie dann auch verstehen, warum die schlimmsten Grausamkeiten in der Menschheitsgeschichte samt und sonders auf dem Boden radikaler ethischer Theorien gewachsen sind.

Vom Abenteuer der Menschwerdung

Gottes Schöpferwille gipfelte in dem Wunsch, daß unter all den vielen Geschöpfen eines nicht fehlen sollte: der Mensch. Wir Menschen. Ich und Du. „Lasset uns Menschen machen!“, so spricht Gott zu sich selbst (1Mo 1,26), um dann gleich an die Ausführung seines Planes zu gehen.

Es wäre kurzschlüssig, wenn wir dabei nur daran denken, daß es eben auch von dieser besonderen Art, von den Wissenschaftlern „homo sapiens“ genannt, eine wachsende Zahl von Exemplaren geben sollte. Denn in den Lebewesen, die wir „Mensch“ nennen, wollte Gott eine besondere Idee verwirklicht sehen, die wir mit einem Wort als „Menschlichkeit“, als „Humanität“ bezeichnen können. Was aber ist Menschlichkeit? Was meinte der Schöpfer, als er mit Pflanzen und Tieren noch nicht zufrieden war?

Es scheint so, als habe Gott seinen Menschen nicht ein fertiges Konzept von Menschlichkeit mit auf den Weg gegeben. Wohl wissen wir, daß so etwas wie Menschlichkeit unsere Bestimmung ist. Aber die Menschlichkeit liegt eher vor uns, wie ein fernes Ziel, das wir von weitem schauen. Wir haben von ihr vernommen, wie die Kinder Israel vom Gelobten Land, und nun sind wir unterwegs zur Menschlichkeit. Aber keiner von uns kann sagen, er sei schon einmal dagewesen, so daß es für ihn an der Richtigkeit des Weges keinen Zweifel mehr geben könne.

Und kommt uns nicht hin und wieder die bange Frage, ob wir, ob die Menschheit, wirklich auf dem rechten Weg ist? Gibt es nicht manchmal sogar Anzeichen dafür, daß wir uns eher vom Ziel entfernen, anstatt ihm näherzukommen? „Und kommen weiter von dem Ziel ..." – so hatte es Matthias Claudius bereits vor 200 Jahren empfunden.

Offenbar ist die Sache mit der Menschwerdung so etwas wie ein großes Experiment Gottes, und wir sind eher die Tastenden, auch wenn wir noch so viel guten Willen mitbringen. Wir laufen nicht mit einer Planskizze durchs Leben, die alles bis in die kleinste Einzelheit hinein bestimmt. Es ist, als ob Gott selbst uns aufforderte, zu suchen, zu probieren, Erfahrungen zu sammeln, Erfahrungen auszuwerten, Schlußfolgerungen zu ziehen. Und es ist, als müsse jede Generation, ja letzten Endes jeder einzelne Mensch, mit dieser Aufgabe neu beginnen.

Zwar mag eine abtretende Generation ihren Nachfahren große Schätze an Erfahrung als Erbe vermachen, aber das eigene Suchen und Prüfen kann niemand den Kommenden abnehmen, denn jede Generation steht vor neuen Herausforderungen. Zur Menschlichkeit gehört offenbar der Respekt vor ihrem Geheimnis, und die Meinung, es gäbe ein abschließendes Wissen von dem, was Humanität ist, ist in Wahrheit unmenschlich, auch wenn dies Wissen noch so edel und noch so gut begründet wäre.

Hier erleben wir ganz deutlich, wie sehr es bei unserem Fragen nach dem Willen Gottes darauf ankommt, daß unser Fragehorizont nicht zu eng ist. Für viele Menschen ist es unvorstellbar, daß ihnen Gott auf ihre Frage nach seinem Willen in dieser oder jener Angelegenheit sagen könnte: Probier es doch aus! Versuche es doch einfach einmal! Wahrheit wird oft im Experiment gefunden, nicht nur in der Naturwissenschaft. Wage das Experiment! Scheue dich nicht zu sehr vor möglichen Fehlern!

Oder ist es von vornherein ausgeschlossen, daß Gott

uns auch einmal so antwortet? Wollen wir Gott vorschreiben, wie er uns antworten kann und wie nicht? Muß Gott einen in jeder Hinsicht detaillierten Plan für das Leben des einzelnen wie das der Menschheit haben? Gibt es bei Gott keinen Platz für Experimente?

So fragen Menschen seit Jahrtausenden danach, was Menschlichkeit eigentlich ist, und bis heute ist alle Weisheit auch der Weisesten nicht so weit gekommen, daß wir es nun endgültig wüßten und immer nur nachzuschlagen brauchten.

In all dem Fragen und Suchen aber hat es einen tiefen Einschnitt gegeben. „Als die Zeit erfüllt war ...", da war in Gott ein neuer, ein bis dahin gänzlich unerhörter Wunsch geboren. Da genügte es Gott nicht mehr, Menschen zu schaffen, wie er es seit Jahrtausenden getan hatte. Da wollte er, der Schöpfer des Himmels und der Erde, selber Mensch sein! Es war ihm zu wenig, gleichsam von oben zuzuschauen, wie sich die Menschen auf der Erde um Menschlichkeit bemühen und dabei in der Regel scheitern. So wurde er selbst Mensch und begab sich damit auf den Weg der Menschwerdung, und nun gilt, was ein unbekannter Geist in unseren Tagen pointiert so formuliert hat: „Mach es wie Gott: werde Mensch!"

Wir haben immer noch keine befriedigende Definition von Menschlichkeit. Aber nun wissen wir: Gott selbst will eben dies. Und: Dem Geheimnis der Menschlichkeit werden wir offenbar am ehesten gerecht, wenn wir in negativen Sätzen von ihr sprechen. So wie eine „theologia negativa" das Geheimnis Gottes zu respektieren sucht, indem sie sich darauf beschränkt, in negativen Aussagen Gott das abzusprechen, was er bestimmt nicht ist, so werden wir auch nur in einer „anthropologia negativa" das von Gott selbst gewollte Geheimnis unseres Menschseins vor unangemessenem und unbefugtem Zugriff schützen. Was unmenschlich ist, das sehen wir täglich, aber wenn wir diese schlimmen Erfahrungen, die wir mit uns und anderen machen, als unmögliche Möglichkeiten ausschließen, bleibt uns ein weiter Spielraum, in dem das Geheimnis der Menschlichkeit geschützt und bewahrt ist.

Lebewesen, in denen Gott sich spiegelt

Zu den Grundaussagen des christlichen Glaubens gehört das Bekenntnis zu „Gott, dem allmächtigen Vater". Allerdings mindestens eine bemerkenswerte Grenze hat die Bezeichnung Gottes als „allmächtig": Gott kann sich nicht selbst verleugnen. Das Unheimliche, das Unglaubliche unseres Menschseins ist, daß wir Menschen unser Menschsein verfehlen können, daß wir nur zu leicht in den Abgründen der Unmenschlichkeit versinken. Das Ausmaß möglicher Unmenschlichkeit unter Menschen ist unfaßbar. Aber daß Gott sozusagen seine eigene Gottheit verfehlen oder verleugnen könnte, ist undenkbar. Menschen können Unmenschliches wollen, Gott dagegen nur das, was seiner göttlichen Art entspricht.

Wir können das Suchen nach dem Willen Gottes darum nicht ablösen von der Frage, was dem lebendigen Gott entspricht, was ihm gemäß ist. So unklar uns in bestimmten Situationen sein Wille sein mag – grundsätzlich gilt: Gott will nichts anderes als das, was er ist. Positiv heißt das: Wer Gottes Willen erkennen möchte, müßte danach trachten, mit Gott vertraut zu werden. Erfahrungen, die wir mit Gott machen, werden uns auch zeigen, was Gott von seinen Geschöpfen, oder – wie wir besser sagen sollten –, was er für seine Geschöpfe will.

Wir begeben uns auf diesen Weg nicht mit der überheblichen Vorstellung, wir Menschen könnten Gottes Wesen schlüssig erkennen und daraus unsere Folgerungen ziehen. Alles, was wir in den folgenden vier kleinen Abschnitten ansprechen, steht unter dem Vorzeichen des göttlichen Geheimnisses. Aber wenn wir den Worten der Heiligen Schrift folgen, dann will Gott offenbar sein Geheimnis weder so an uns preisgeben, daß es einem Rätsel gleicht, dessen Auflösung wir kennen und das damit allen Reiz für uns verliert. Er will es uns aber nicht so verbergen, daß wir keinen Kontakt mit ihm haben könnten und außerstande wären, ihm zu begegnen oder auch nur eine einzige Erfahrung mit ihm zu machen. So hat er uns „nach seinem Bild und Gleichnis“ geschaffen (1Mo 1,26f), und eben dies ist nun unsere Bestimmung: Spiegel des Ewigen zu sein.

Unendlich viele Variationen lassen sich zu diesem Thema schreiben, und die Vielzahl der Möglichkeiten zeigt die Begrenztheit unserer Perspektiven. Einige dieser Möglichkeiten sollen im Folgenden kurz genannt und entfaltet werden.

a) Dem Lockruf der Freiheit folgen

„Gott ist Geist“, so sagt es Jesus zu der Frau am Brunnen von Samaria (Joh 4,24). Gott ist Geist – diese Charakterisierung hat viele Facetten. Eine unter ihnen ist, daß Gott frei und ungebunden ist. Wenn sein Wille nichts anderes ist als ein Ausdruck seines ewigen Gottseins, dann ist damit auch gesagt, daß Gott die Freiheit aller seiner Geschöpfe am Herzen liegt, am meisten aber die Freiheit derer, die er „nach seinem Bild und Gleichnis“ erschaffen hat. Daher kommt es, daß wir Menschen unter jeder Form von Knechtschaft leiden. Zwar ist es schier unglaublich, wie sehr sich Menschen an ein Sklavendasein gewöhnen können, so daß sie am Ende ihre Fesseln preisen und ihre Peiniger verehren, doch wenn der Lockruf der Freiheit an unser Ohr dringt, dann kann es geschehen, daß unsere Seele plötzlich aufwacht und dem Rufe folgt.

Wohin? Freiheit hat viele Ausdrucksformen; einige seien im Folgenden wenigstens angedeutet:

– aufbrechen ins Unbekannte, schauen, was jenseits der Berge ist, die unseren Blick begrenzen;

– nicht von fremden Erfahrungen und Meinungen leben, sondern sich selbst auf den Weg machen, den Dingen auf den Grund gehen;

– Gewohnheiten, die längst zu Zwängen erstarrt sind, abschütteln, auch wenn sie noch so gut begründet oder gar heilig sind;

– auch im fortgeschrittenen Alter immer wieder Neues wagen und abends ins Tagebuch einen Satz eintragen können, der mit den Worten beginnt: „Heute habe ich zum ersten Mal ...“;

– es aushalten, wenn ich mit meiner Meinung allein dastehe; nicht mehr abhängig sein von der Zustimmung der Menge;

– dem gewaltigen Druck des „So denkt man nicht“, „So spricht man nicht“, „Soetwas tut man nicht“ ein stolzes, tapferes „Ich aber“ entgegensetzen;

– sich nicht mit anderen vergleichen müssen;

– sich nicht entmutigen lassen, wenn andere etwas besser können;

– nichts beschönigen müssen und nichts in den Dreck ziehen müssen;

– verlieren können; spielen können, ohne mogeln zu müssen;

– etwas tun, das sich nicht rentiert;

– sich gerne helfen lassen, wenn ich etwas alleine nicht schaffe;

– „Nein!“ sagen können, auch wenn ich mir damit vielleicht Sympathien verscherze;

– Irrtümer und Fehler eingestehen, ohne Rücksicht auf die Folgen;

– mich von Lebenslügen trennen, auch wenn ihr Gespinst noch so schön glänzt.

Immer wieder wird dieser Lockruf in unserem Leben erklingen, und immer weiter wird er uns herauslocken aus den Verliesen, die uns unsere Feigheit und Bequemlichkeit gebaut haben.

b) Sich am Kompaß der Freude orientieren

Manche Menschen kennen ihr Leben lang nur eine ethische Kategorie, und das ist die der Pflicht. Auch wenn wir nie etwas von Immanuel Kant, dem berühmten Königsberger Philosophen, gehört oder gelesen haben, die Pflicht hat einen hohen Stellenwert, zumal wenn wir Soldaten oder Beamte sind. Vielleicht ist es sogar die Steigerung des Wortes Pflicht in der Formulierung „unsere verdammte Pflicht und Schuldigkeit“, die unser Tun bestimmt. Sie hat das erste und das letzte Wort.

Aber Gott ist Freude, die Freude in Person, und wir sind zur Freude geboren und nicht zur Pflichterfüllung verdammt. Und wenn wir oft ratlos vor einer schwierigen Entscheidung stehen und nicht wissen, was wir wählen sollen, dann ist es an der Zeit, den Kompaß der Freude zu Rate zu ziehen. Verschiedene Möglichkeiten, wenigstens zwei, liegen vor mir und stehen zur Entscheidung. Bei welcher wartet die Freude auf mich?

Fremd klingt dieses Kriterium. Aber wenn nach allem, was uns die Bibel sagt, am Ende unseres Lebens die Freude Gottes (Mt 25,21) auf uns wartet, sollte sie dann nicht auch der Wegweiser sein, der uns auf unserem Erdenweg von Station zu Station diesem Ziel entgegenführt?

Daß wir ein göttlich verbürgtes Recht auf Freude haben, muß mancher Mensch mühselig lernen und gegen die Prediger, die nur die Pflichten preisen, durchsetzen. Falls aber jemand ernstlich meint, ein Kompaß wie die Freude würde uns nur ein bequemes, oberflächliches Leben bescheren und den Willen Gottes verfehlen lassen, sei daran erinnert, daß alle wahre Freude Traurigkeit in sich schließt, so wie das Leben den Tod in seinem Schoß trägt. Sprachlich mögen Traurigkeit und Freude einander ausschließende Gegensätze sein, aber unterirdisch sind ihre Wurzeln ineinander verflochten, und beide nähren sich aus demselben Boden. Oft wird die wahre, bleibende Freude nur zu erreichen sein, wenn wir zunächst einen verdrießlich stimmenden Sumpf durchqueren. Freude, der diese Verbindung zur Traurigkeit gänzlich abzugehen scheint, ist verdächtig. Es ist die Lustigkeit der Entertainer, die an der verdrängten Traurigkeit vorbei ihre Scherze machen und eine Freude produzieren, die einem Feuerwerk gleicht: ein faszinierendes Krachen, Blitzen, Strahlen, Funkeln und Glitzern, glänzende Figuren, die sich rasch bilden und ebenso rasch wieder auflösen. Aber was bleibt, wenn das Feuerwerk abgebrannt ist? Schwarze Nacht und ein unangenehmer Pulvergeruch.

c) Sich vom Ariadnefaden der Liebe führen lassen

„Die Liebe wird uns leiten“, so heißt es in einem Lied von Nikolaus Ludwig Graf von Zinzendorf. In der Sprache des Gründers der Herrnhuter Brüdergemeine ist Liebe nicht ein Abstraktum, sondern ein Name, der für eine Person steht: Jesus Christus ist die Liebe in Person. Jesus nachfolgen heißt der Liebe folgen. Sie ist wie der Faden, den Ariadne dem Theseus gab, damit dieser den Ausgang aus dem Labyrinth wiederfinden konnte.

Es mag befremden, daß wir erst hier – nach der Erwähnung von Freude und Freiheit – auf die Liebe zu sprechen kommen. Aber in der christlich-abendländischen Tradition ist das Wort Liebe so entstellt und durch allzu häufigen Gebrauch so entwertet, daß es nicht unbedingt geeignet ist, uns zu sagen, was Gott von uns erwartet, obwohl sie doch wirklich „das höchste Gebot“ ist, in dem all die vielen Einzelgebote der Bibel ihre Spitze haben. Aber wenn wir von Liebe sprechen, ist sie meistens losgelöst von ihrem Wurzelboden. Der Zusammenhang von Lieben und Verliebtsein ist zerrissen, die gängigen Definitionen sind steil wie ein Achttausender, an dem sich ein gewöhnlicher Mensch am besten gar nicht erst versucht. So kränkelt die Liebe blaß und matt dahin, orientiert sich an unerreichbaren Idealen und weiß nichts mehr von den vitalen Kräften, aus denen sie eigentlich lebt.

In ihrer elementaren Gestalt ist Liebe die Freude an dem, was sie liebt. Liebe spricht sich sozusagen immer wieder in dem einen Satz aus: Ohne dich würde mir etwas fehlen. Ohne dich wäre es öde und leer. Darum ist Traurigkeit der Liebe so nahe, denn Traurigkeit ist Liebe, die die ersehnte Nähe schmerzlich entbehren muß. So ist mit der Freude am Geliebten immer der Wunsch nach Nähe verbunden, ja nach einer Vertrautheit, in der das Trennende zwar nicht verschwinden wird, doch empfinden wir es nicht mehr als störend. Unterscheidendes mag da sein, aber es hindert die Liebe nicht mehr.

Und noch etwas schließt diese Freude, die Liebe ist, in sich: Sie ist Freude am Wohlergehen des anderen. Sie möchte, daß das geliebte Wesen wächst, und, soweit dies irgend möglich ist, möchte sie zu solchem Wachsen und Gedeihen helfen. So lieben wir unsere Freundinnen und Freunde, unsere Eltern, unsere Kinder, unsere Schwestern und unsere Brüder; so verlieben wir uns in einen Menschen, dessen Schönheit und Wesensart uns wie ein Pfeil ins Herz treffen; so lieben wir einen Baum und einen Fluß, ein Tal oder das weite Meer; so mögen wir Sonne, Mond und Sterne, Blumen und Kristalle, Wolken und Licht, und so freuen wir uns auch an dem, der der Ursprung aller Dinge ist, Gott.

Gott ist Liebe, heißt es in der Bibel (1Joh 4,16), und seinen Willen erfüllen heißt tun, wozu die Liebe drängt. Ich kann kein Ja zu Gott sprechen, das nicht zugleich der Wunsch ist, in den Kreis der Liebe einzutreten, teilzuhaben an dem unaufhörlichen Kreislauf des Empfangens und des Gebens, des Liebens und des Geliebtseins. So sind wir in all den oft so bedrängenden Entscheidungsfragen unseres Lebens immer wieder an die Liebe gewiesen, die uns inmitten aller Verworrenheiten im wahrsten Sinn des Wortes den Ausweg weist.

d) Erfüllt mit dem Geist der Besonnenheit

Die Vernunft hat in den Kirchen meistens einen schlechten Ruf. Es gehört fast zum guten Ton, auf sie zu schimpfen und ihr in kräftiger Schwarzweißmalerei den Glauben als positives Gegenstück vorzuhalten. Martin Luther konnte die Vernunft gelegentlich sogar so schlecht machen, daß er sie als „Hure" bezeichnete. In der Tat: Eine ungläubige, also eine ewig mißtrauische Vernunft ist nicht zu loben. Ein unvernünftiger Glaube allerdings auch nicht, und es kann sein, daß ein Glaube, der das Denken verachtet, mehr Schaden anrichtet als eine vernünftige Portion Skepsis und Kritik.

Warum kommt die Vernunft meistens so schlecht weg? Ist sie doch nicht weniger Gottes gute Gabe als andere menschliche Vermögen auch und obendrein immer noch das wichtigste Kriterium, wenn es um den Unterschied zwischen Menschen und Tieren geht. Problematisch ist im Grunde genommen nicht die Vernunft, sondern unsere Vernünftigkeit, wie ich eine vom Mißtrauen besetzte Vernunft einmal nennen möchte. Ein mißtrauisches Denken, das aufgeht in Sicherheitsmaßnahmen, die das Leben gegen vermeintliche und wirkliche Gefahren schützen sollen, verfehlt seine Bestimmung. Gewiß, wir tun gut, wenn wir unser Denken gerade auch zu unserem Schutz einsetzen. Aber es gibt so etwas wie einen Umschlagspunkt, jenseits dessen unsere Sicherungen aufhören, hilfreich zu sein, und anfangen, uns am Leben zu hindern. Je kleinmütiger unser Denken ist, je mehr unsere Vernunft von kleingeistigen Besorgnissen fremdbestimmt ist, desto mehr schlagen unsere Maßnahmen ins Gegenteil um und lassen uns im schlimmsten Fall lebensunfähig werden.

Die griechische Sprache hat ein bemerkenswertes Wort für „Vernunft“: das Wort *sophrosyne.* Es ist kein Formalbegriff, der einfach nur das Denkvermögen meint. Vielmehr verbindet dieses Wort unser Denken mit dem Sinn für Gleichgewicht und Maß. Kein deutsches Wort kann dem griechischen Ausdruck ganz gerecht werden. Am ehesten geeignet ist wohl noch das Wort „Besonnenheit“, mit dem wir ein wirklichkeitsgemäßes Denken, ein Denken im Respekt vor den Realitäten meinen. Das Neue Testament bezeichnet den Geist Gottes gelegentlich als einen „Geist der Besonnenheit“ (2Tim 1,7) und stellt ihn dem Geist der Feigheit gegenüber.

Der Geist Gottes ist also das für uns Menschen so wichtige Sensorium für Feinabstimmung, Gleichgewicht und Maß. Nach Gottes Willen fragen heißt immer auch, den Sinn für die so empfindlichen Gleichgewichte in Gottes Schöpfung pflegen und schärfen lassen. Offensichtlich ist Gott kein Freund von Extremen und Rekorden. Wer nur noch an Höchstleistungen denkt und seine Entscheidungen an ihnen ausrichtet, betet einen falschen Gott an, einen maßlosen Götzen. Er zerstört das feine, fließende Gleichgewicht von Qualität und Quantität, das der Schöpfer selbst so gewollt und gesetzt hat. Gott ist eben nicht ein maßloses Monstrum, das die Proportionen sprengt, sondern Ebenmaß und Zusammenklang.

Nach Gottes Bild und Gleichnis sind wir geschaffen. Unsere Bestimmung ist es, dies nun auch wirklich zu sein. Aber nicht als unerreichbares Ideal, nach dem wir uns ein Leben lang vergeblich strecken, steht uns diese Gottes-Ikone gegenüber. Wir sind es, und jede unserer Zellen ist darauf angelegt, sich zu diesem Bild hin zu entwickeln und zu entfalten. Darum ist es nicht heroische Willenskraft, die wir aufbringen müssen, um zu sein, was wir sein sollen, sondern Vertrauen zu dem, was wir in Wahrheit sind: Kinder der Freiheit, Kinder der Freude, Kinder der Liebe und Kinder der Besonnenheit. Freiheit, Freude, Liebe und Besonnenheit sollen in uns wohnen, sie sind die rechtmäßigen Besitzer des Hauses, das wir sind, allen trüben Geistern zum Trotz, die sich widerrechtlich bei uns einnisten wollen.

Vor schwierigen Entscheidungen

Auch kluge, tiefe und sachlich richtige Gedanken zum Thema Gottes Wille können eines nicht aus der Welt schaffen: daß wir immer wieder vor ganz schwierigen Entscheidungen stehen und unter unserer eigenen Ratlosigkeit leiden. Auch die folgenden Überlegungen werden daran nichts ändern. Mitunter ist jedoch immerhin etwas gewonnen, wenn wir unterscheiden lernen zwischen einer Ratlosigkeit, die in einem gewissen Grade selbstverschuldet ist, also eigentlich so nicht sein müßte, und solchen Schwierigkeiten, denen auch der Klügste nicht entgehen wird. Es gibt eine Reihe von Fragen, die uns im Dunkel der Ratlosigkeit wenigstens etwas Orientierung geben können.

a) Wieviel Zeit bleibt mir, um meine Entscheidung zu treffen? Wann muß ich spätestens Klarheit über meinen Weg haben? Entscheidungen wollen reifen, und oft ist es so, daß mir dafür eine gewisse Frist gegeben ist. Überziehen kann ich eine solche „deadline“, wie es die

Engländer ausdrücken, nicht. Aber solange die Frist läuft, kann ich geduldig warten, bis die Entscheidung reif ist. Ich muß sie nicht vorwegnehmen, ich brauche mich durch die anstehende Wahl nicht unnötig früh beunruhigen lassen.

b) Welches Gewicht hat die von mir zu treffende Entscheidung? Ist sie von großer Tragweite oder nicht? Vor allem: Wieweit habe ich die Möglichkeit, im Falle einer Fehlentscheidung diese zu korrigieren? Oder ist sie, einmal getroffen, praktisch unumkehrbar? Es kann mich in meiner Entscheidungsnot sehr entlasten, wenn ich sehe, daß ich meine Entscheidung möglicherweise korrigieren oder sogar revidieren kann.

c) Wieviele Möglichkeiten habe ich vor mir? Sind es wirklich nur zwei? Gibt es nicht doch noch weitere Alternativen?

d) Inwieweit mache ich mir die Entscheidung selber schwer, weil ich von der Angst, einen Fehler zu machen, besessen bin? Neige ich dazu, zu zaudern und zu zögern und anstehende Entscheidungen so lange vor mir herzuschieben, bis der *kairos,* der günstigste Augenblick, längst verpaßt ist? Könnte es nicht sein, daß ich (und andere, mir nahestehende Menschen) unter meiner Unentschlossenheit mehr leiden als unter einer möglichen Fehlentscheidung? Und kostet das Aufschieben, das Leben mit ungelösten Problemen, nicht viel Kraft, die ich anderswo besser einsetzen könnte? Und noch einmal: Hätten denn die Fehler, die ich möglicherweise machen werde, so verheerende Auswirkungen? Zwar kann Zögern auch mal eine Lebenskunst sein – die römische Geschichte weiß von einem Feldherrn mit

Namen Fabius Zögerlich, der durch sein Zaudern den ganzen Staat rettete –, aber eher ist es so, daß unsere Biographie am Ende unter der Überschrift „Ein Leben der verpaßten Chancen" geschrieben werden wird.

e) Mit wem kann ich mich beraten? Wer ist in der zu entscheidenden Sache kompetent? Wer kennt mich gut genug und kann beurteilen, wo meine Gefährdungen liegen, wo ich mir selbst im Wege stehe? Wer wird mich so beraten, daß er mir Mut zur Entscheidung zuspricht, ohne mir durch autoritäres Dirigieren die Entscheidung und damit meine Freiheit abzunehmen?

Solches Fragen, in gewöhnlicher Besinnung wie im Gespräch mit anderen, nenne ich „angewandtes Gebet". Im 86. Psalm finden wir die schöne Bitte: „Weise mir, Herr, deinen Weg!" (V. 11). So betet ein Mensch, der Wegweisung und Entscheidungshilfe von seinem Gott erwartet. Gerade in seiner Knappheit ist dies Gebet ein ehrliches Eingeständnis eigener Hilflosigkeit und zugleich Ausdruck eines Gottvertrauens, das mit Gottes Wegzeichen rechnet. Es wäre jedoch wenig sinnvoll, wenn der Beter sein Gebet mit dem üblichen „Amen!" beendet, ohne nun mit weit geöffneten Augen und Ohren nach den Wegzeichen Ausschau zu halten, die Gott so gerne gerade mitten in unserer Besinnung oder in unseren Beratungsgesprächen aufleuchten läßt.

Doch auch bei der Bitte „Weise mir, Herr, deinen Weg!" wird es darauf ankommen, daß sich der Horizont, in dem wir Gottes Antworten erwarten, weitet. Besonders für eine Möglichkeit werden wir in unserer immer komplizierter werdenden Welt mit ihren oft katastrophalen Entwicklungen offen sein müssen: daß unserem Entscheiden zwei Möglichkeiten vorgegeben sind, die nicht in sich selbst bereits die Antwort nach dem rechten Weg tragen, weil die eine Möglichkeit so eindeutig gut und die andere so eindeutig schlecht ist. Es gibt Wahlsituationen, bittere, uns erschreckende Entscheidungen, in denen wir zwischen zwei Möglichkeiten zu wählen haben, die beide nicht gut sind, so daß wir keine von ihnen mit Freude ergreifen können. Vielleicht ist manchmal wenigstens dies gegeben, daß es einen Gradunterschied des Schlimmen gibt, so daß wir dann schweren Herzens, aber doch mit innerer Klarheit, das kleinere Übel wählen. Aber es kann auch sein, daß Gott uns Entscheidungen zumutet, in denen selbst ein solcher Gradunterschied nicht zu entdecken ist, und alle Erfahrung und alle in Seminaren vielleicht mühselig antrainierte Entschlußkraft kann daran nichts ändern. Ob Gott uns vielleicht mehr zutraut als wir uns selbst, wenn er uns solche Entscheidungsnot zumutet?

Die Stimme Gottes vernehmen

Wer sich mit irgendeiner schwierigen Entscheidung abquält, wird neidisch auf die vielen biblischen Gestalten blicken, die von Gott klare Aufträge empfingen. Abraham sollte Vaterland und Verwandtschaft verlassen, Mose das Volk Israel aus der Sklavenexistenz in Ägypten führen, Elisa mußte nach Damaskus und Jona nach Ninive. Über die Wege, die Paulus auf seinen Missionsreisen einschlug, mußte sich nicht eine Missionszentrale die Köpfe zerbrechen, sondern an entscheidenden Stellen sorgte der Geist Gottes mit seinen Weisungen dafür, daß die Apostel die von Gott selbst vorgesehene Reiseroute einhielten. Überhaupt vermitteln uns die biblischen Erzählungen den Eindruck, als sei es die selbstverständlichste Sache der Welt, daß Gott zu Menschen spricht und ihnen in klar artikulierter Rede seinen Willen kundtut.

Aber wir Heutigen? Müssen wir das klare Wort Gottes entbehren? Oder reduziert es sich für uns auf das geschriebene Wort der Bibel? Oder auf ein paar allgemeine Grundsätze, die aber nicht als aktuelles, situationsbezogenes Wort Gottes an uns ergehen?

Die Bibel selbst sieht es jedenfalls nicht so, als sei Gottes Reden zu den Menschen etwas Zeitbedingtes oder das Vorrecht eben der Alten oder der ersten Generation von Christen. Zwar weiß sie auch von Zeiten, in denen das Reden Gottes selten geworden war, in denen „das Wort des Herrn teuer geworden war", und: „Es gab kaum noch Offenbarung" (1Sam 3,1). Aber solche Erfahrung ist in biblischer Zeit doch eher die Ausnahme und nicht die Regel. Ist Gott in unseren Tagen schweigsam geworden? Oder müssen wir den Fehler bei uns suchen?

Wer einmal zu Fuß in Palästina unterwegs gewesen ist, hat in weiten Teilen des Landes wahrgenommen, wie leer dieses Land ist und wie still. Wer nicht nach Jerusalem geht, wer das Ballungsgebiet von Tel Aviv meidet und statt dessen in den Norden Galiläas zieht oder ins Bergland Samariens oder gar in die Wüste Juda, wird merken, wie ihn Stille und Einsamkeit umfangen. Wieviel mehr gilt dies für die biblische Zeit, lange vor den ersten Anfängen der Industrialisierung des Landes durch den modernen Staat Israel! Palästina ist – zum Teil bis heute – ein Land, das die Ohren schärft. Es macht die Menschen, die in solcher Einsamkeit leben, zu Hörenden.

Wer aus solcher Erfahrung in unsere Alltagswelt zurückkehrt, ist schnell wieder von Lärm, Unruhe und

Hektik umgeben. Der für uns in Europa so typische Tatendrang hat uns wieder, und unser Wahrnehmungsvermögen, unsere Aufnahmefähigkeit, die im Land der Bibel ein wenig angeregt worden war, ist rasch wieder so dumpf und stumpf wie vorher. Wenn „am Anfang“ nicht mehr – wie in der Bibel – „das Wort“ steht, sondern – wie es schon Goethes Faust wollte – „die Tat“, dann hat das für die Menschen, die ihr Leben unter der Vorherrschaft der Tat leben, einschneidende Folgen. Wo die Welt nur noch Materie, Material, Stoff und Aufgabe ist, hört sie auf, zum Menschen zu sprechen. Dann ist auch Stille nicht mehr Erfahrung sprechenden Schweigens, sondern etwas Unangenehmes, ja Unheimliches, dem man mit Hilfe von Musik und Bildern den Schrecken nehmen muß.

Es läge nahe, an dieser Stelle von Übungen der Stille und von Meditation zu sprechen. Sicher werden uns solche Übungen viel geben können und besonders unseren Ohren guttun – eine Schule des Hörens! Und doch würde unsere Diagnose zu oberflächlich bleiben, wenn wir nur vom Mangel an solcher Übung sprechen. Unser kritisches Fragen muß sich vor allem auf unseren Lebensstil richten. Ein Lebensstil, in dem die betäubenden Kräfte die Oberhand gewonnen haben, läßt dem Vernehmen eines Gotteswortes wenig Chancen. Wir betäuben uns mit Klängen und Bildern, mit Informationen und Speisen und – nicht zuletzt – mit unseren unzähligen Aktivitäten. Wer sich betäubt, wird jedoch nicht nur die unangenehmen Empfindungen los. Er spürt keine Schmerzen mehr, keine Sinnlosigkeit und keine Leere – aber auch keine Freude und keinen echten Trost. Ihn erreichen die schlimmen Botschaften nicht mehr, aber auch nicht die guten. Er ist immun gegen bösartige Sticheleien wie gegen zärtliche Küsse.

Es ist wie bei einem Funkgerät, das pausenlos auf „Senden“ eingestellt ist, aber nie auf „Empfang“. Auch unser Beten leidet an dieser Stelle. Wir haben Gott soviel zu sagen, aber nach dem „Amen“ gehen wir zur Tagesordnung über und lauschen nicht einen Augenblick auf das, was Gott uns vielleicht auf unser Gebet antworten möchte. „Hören möchte ich, was Gott der Herr redet“ (Ps 85,9), so müßten eigentlich unsere Gebete schließen, und dann müßte Schweigen sein. Wenn unsere Worte nicht ins Meer des Schweigens münden, wird unser Beten, das Theologen ja gerne als Gespräch mit Gott deuten, im Monolog erstarren.

Und doch redet Gott, viel mehr, als wir denken, und viel klarer. Ich habe in meiner Beratungspraxis immer wieder eine merkwürdige Erfahrung gemacht: Menschen kommen zu mir und suchen Wegweisung in Fragen, die zugegebenermaßen oft sehr schwierig sind. Wir sprechen über eine anstehende Entscheidung, diskutieren das Für und das Wider, und dann mache ich eine eigentümliche Beobachtung: Eigentlich weiß der Mensch, der mich um Rat fragt, längst, was er oder sie zu tun hat. Aber er weiß nicht, daß er es weiß, oder er hat zu seinem Wissen kein Zutrauen. Wohl hat Gott längst sein Wort gesprochen, es liegt nun – einem Samenkorn gleich – tief verborgen auf dem Grund seines Herzens. Aber dieser Mensch hat es kaum bemerkt, oder er sucht nach zusätzlicher Stützung durch den Rat seines Seelsorgers. Wir müssen lernen, was wir längst wissen. „Es ist dir gesagt, Mensch, was gut ist“ (Mi 6,8). Es gilt zu entdecken, was Gott zu uns gesagt hat. Aufmerksam gilt es zu sein, nüchtern und wachsam. Die – auch unter Christen – so oft verachtete „Sinnlichkeit“, dies wunderbare Geflecht unserer Wahrnehmungsmöglichkeiten, will geschärft und geübt sein.

Wie aber unterscheide ich Gottes Wort von anderen Stimmen, die dem Reden Gottes zum Verwechseln ähnlich klingen? Wie schütze ich mich dagegen, daß ich bei meinem Lauschen ein Opfer teuflischer Verführungskunst werde? Die Stimme Gottes nachahmen, erbaulich formulieren und argumentieren, die Bibel zitieren – darauf versteht der Erzbetrüger sich meisterhaft.

Es gibt kein eindeutiges Kriterium der Wahrheit, das jeden Irrtum ausschließen würde. Auch die Kriterien, die ich an dieser Stelle anführen möchte, sind zweideutig. Aber unnütz sind sie nicht. Als erstes Kennzeichen wäre zu nennen, daß Gottes Aufträge immer etwas Unbedingtes an sich haben. Jona mußte nach Ninive, und sein Ungehorsam bringt ihn und andere in ernste Gefahr. Wer die ihm von Gott gewiesene Lebenslinie verläßt, kommt bald in stürmische Gewässer.

Sodann: Nie wird es Gott darauf anlegen, uns zu entmutigen. „Den glimmenden Docht wird er nicht auslöschen" (Jes 42,3). Das Wort, das mir den letzten Funken Mut und Hoffnung nimmt, ist schwerlich das Wort Gottes, auch wenn es noch so heilig klingt und an heiliger Stätte gepredigt wird.

Und schließlich: Worte Gottes sind Arzneien für unsere Seele. Sie mögen bitter schmecken, aber sie sind voll heilender Kraft. Darin unterscheiden sie sich gerade auch von so vielen Betäubungsmitteln, die angenehm schmecken, die uns das Leben scheinbar versüßen, uns in Wirklichkeit jedoch um die oft harte, bittere Wahrheit betrügen, und – da es die Wahrheit ist, die uns freimacht (Joh 8,32) – uns mit der Wahrheit auch die Freiheit nehmen. Wo mir Gott ausgerechnet das sagt, was ich schon immer gerne hören wollte, ist Vorsicht geboten. Aber die Wahrheit ist weder taub noch stumm, und auch in unseren Städten geht sie unerkannt durch Straßen und Häuser und sucht nach Ohren, die zum Empfang bereit sind.

Den Eigenwillen brechen?

Von Gerhard Tersteegen stammt der eingängige Zweizeiler:

„Zerbrich den Kopf nicht allzu sehr,
zerbrich den Willen, das ist mehr!"

Der Mystiker vom Niederrhein konnte diesen Gedanken gelegentlich so zuspitzen, daß er schon den Gebrauch eines Satzes, der mit „Ich will ..." beginnt, für Sünde erklärte. Viele sind seiner Weisung gefolgt, und in sogenannter christlicher Erziehung wurde die Maxime aufgestellt und praktiziert, den Eigenwillen des kleinen Kindes möglichst früh zu brechen. Was das in der Praxis bedeutete, kann sich nicht nur derjenige, der selbst nach solchen Grundsätzen erzogen worden ist, leicht ausmalen.

Aber was ist denn verkehrt, wenn ein Mensch einem anderen eine Freude machen „will"? Und wer angesichts der Todesgefahr eines Ertrinkenden sagt: „Ich will ihn rausholen" – weswegen sollten wir ihn tadeln? Und der Psalmist, der – doch ernst und ehrlich – erklärt: „Ich will den Herrn loben allezeit" (Ps 34,2)?

Und doch, es muß etwas dran sein an Gerhard Tersteegens Wort; zwar konnte auch Tersteegen irren wie jeder Mensch, aber kurzsichtig oder schlichtweg dumm und unerfahren war er nicht und brutal auch nicht. Welche Erfahrung ist es, die der Mystiker mit seinem Wort anspricht?

Ein Beispiel aus dem Sport mag das Problem sichtbar machen. Da ist ein Kugelstoßer im Wettkampf. Zwei, drei Stöße mit der schweren Eisenkugel hat er schon ausgeführt, aber mit dem Ergebnis ist er nicht zufrieden. Seine Weiten liegen deutlich unter dem, was er sonst in

Training und Wettkampf leistet. Aber jetzt „will er es wissen“, wie es die Sportjournalisten in ihrer Sprache sagen. Alle Kraft, auch alle Willenskraft, legt er in seinen Stoß, er will die 20 Meter „packen“. Doch der Stoß mißlingt ihm, und die Kugel fällt noch früher zu Boden als bei seinen ersten Versuchen. Warum nur? Weil er seinen Willen da aktiviert hat, wo eigentlich nur Gelassenheit und Vertrauen weiterhelfen. Wer je selbst eine solche Übung gemacht hat, weiß es aus eigener Erfahrung: In den besten Stößen mischt sich mit dem selbstverständlichen Wunsch, sein Bestes zu geben, eine eigentümliche Absichtslosigkeit. Der Athlet setzt sich kraftvoll ein und läßt die Kugel fliegen. Ausgerechnet in solchem Lassen liegt das Geheimnis der weitesten Stöße!

In der Musikpädagogik gibt es viele Erfahrungen, die in die gleiche Richtung weisen. Je gewaltsamer mein Wille ist, je mehr er von Angst, Ehrgeiz, Habgier und Mißtrauen bestimmt ist, desto mehr wird er den gewünschten Erfolg verhindern. Wo wir etwas erzwingen wollen, anstatt es kommen zu lassen, bleiben wir immer hinter unseren Möglichkeiten zurück.

Dieser Art von Willen hat unsere Kritik zu gelten. Es ist der ängstliche Wille, der glänzen will, der sich immer nur sichern will, der sich rausreden will, der immer andere übertrumpfen muß, der sich da einnistet, wo eigentlich das Vertrauen seinen rechtmäßigen Platz hat.

Aber muß dieser Wille zerbrochen werden? Ist nicht im Zerbrechen, so fragen wir den Mystiker kritisch, auch etwas Gewaltsames? Biblisch ist die Formulierung interessanterweise nicht. Wenn wir unserem häßlichen Hang zu gewaltsamen Lösungen mit Gewalt ein Ende bereiten – heißt das nicht, daß wir den Teufel mit Beelzebub austreiben? Sollen wir den „alten Adam“, der in der traditionellen Redeweise vor allem des Protestantismus das Subjekt der von uns als gewaltsam charakterisierten Willensanstrengung ist, umbringen? Oder sollen wir ihn sterben lassen (anstatt ihn zu pflegen), oder – noch besser – realisieren, daß er gestorben ist, daß er kein Lebensrecht mehr hat, wie Paulus es ausdrückt (Röm 6,3ff)? Wenn er noch lebt, dann einzig deswegen, weil wir ihn künstlich am Leben erhalten, aber gegen jedes Recht und gegen alle Realität. Schön ist auch die Formulierung, die Paulus an anderer Stelle braucht: den „alten Menschen", also den Hang zur Gewaltsamkeit, „ausziehen" wie ein verschlissenes Kleidungsstück, das durch ein besseres Gewand ersetzt wird (Kol 3,9f; Eph 4,22).

Das ist kein Streit um Worte, sondern um einen feinen, aber überaus wichtigen Unterschied. Auf dem Zerbrechen liegt kein Segen, und diejenigen, die in Therapie und Seelsorge mit Menschen zu tun haben, können ein Lied davon singen, wie schwer ein Mensch leidet, dem nach einem solchen Programm früh jede Regung des eigenen Willens verboten wurde und der später, wenn erst einmal die Eigenverantwortung an Bedeutung gewinnt, selbst das Seine zu diesem schrecklichen Zerstörungswerk beigetragen hat. Am Ende weiß der Mensch wirklich nicht mehr, was er will, und mit dem zerstörten Willen ist auch alle vitale Energie versickert, die wir zum Leben so notwendig brauchen. Demütig und kraftlos wirkt ein solcher Mensch; den Herausforderungen des Lebens steht er hilflos gegenüber.

Wer weiß, was für ein furchtbarer Tyrann der gewaltsame, egoistische Eigenwille ist, kann ihm nur den Tod wünschen. Aber wer dem Tyrannen den Kopf abschlägt, wird genau das erfahren, was die antike Sage von dem Helden erzählt, der die Hydra enthauptete und zu seinem Schrecken erlebte, wie aus der Wunde sieben neue, noch schrecklichere Köpfe wuchsen. Besser ist es, wenn wir dies Ungeheuer verhungern lassen, denn es lebt ja ausschließlich von der Nahrung, die wir selbst ihm zuführen.

Nicht wie ich will, sondern wie Du willst

Es gibt noch einen anderen Konflikt, der zwischen meinem eigenen Willen und dem Willen Gottes aufbrechen kann. Wir erleben diesen Konflikt vor allem dann, wenn uns Gott unser Liebstes nimmt. Unser Leben in den modernen Überflußgesellschaften zeichnet sich dadurch aus, daß wir in vielen Situationen zwischen mehreren Möglichkeiten wählen können, vielleicht regelrecht die „Qual der Wahl" haben. Aber im Leben eines jeden Menschen gibt es bittere Stunden, in denen Gott uns keine Wahl läßt.

Da sind wir wie Abraham, dem Gott das Schwerste zumutet, den eigenen Sohn, den Einzigen, den Geliebten, zu opfern. Die biblische Geschichte (1Mo 22,1–14) spricht von einer Prüfung, die Abraham bestehen sollte. Aber das Deutewort „prüfte" kennt der Leser, weil der Erzähler es ihm gleich zu Anfang der Geschichte an die Hand gibt (V. 1), Abraham kennt es nicht. Und warum mußte diese Prüfung sein? Gab es denn keine humanere Prüfungsaufgabe als gerade diese? Und warum sollte ein Junge im blühenden Alter von – sagen wir – zwölf Jahren dabei sein Leben verlieren, bloß damit Gott erfährt, ob der Patriarch bis ins Letzte zum Gehorsam bereit ist?

Zu allen Zeiten haben Menschen in der Geschichte, die bei uns für gewöhnlich „Isaaks Opferung" heißt, ihr eigenes Schicksal wiedergefunden. Es muß ja nicht so sein, daß – wie in der biblischen Erzählung – ein Vater sein eigenes Kind eigenhändig schlachten soll wie ein Opfertier. Daß uns unser Kind, unser Liebstes, unser schönster Trost, genommen wird, ist bitter genug, ganz gleich, wann und wie das Unfaßbare geschieht. Die Geschichte Abrahams nahm noch eine gute Wendung. Im letzten Augenblick fiel ein Gottesbote dem Patriarchen in den ausgestreckten Arm: „Lege deine Hand nicht an den Knaben und tu ihm nichts; denn nun weiß ich, daß du Gott fürchtest und hast deines einzigen Sohnes nicht verschont um meinetwillen" (V. 12). Freilich, ein Happy-End ist das nicht, denn eine solche Geschichte, auch wenn sie gut ausgeht, kann kein Happy-End haben.

Der alte Mann, von dem Sören Kierkegaard erzählt, daß er (ein Leben lang) nicht von dieser Geschichte loskam, so daß er sie in immer neuen Variationen an seinem inneren Auge vorüberziehen ließ, ist im Recht, wenn er in einer dieser Variationen davon spricht, daß Abraham in der kurzen Zeit der dreitägigen Reise alt und grau geworden war und daß er es Gott nie vergessen hat, was dieser ihm zugemutet hatte. Wer erlebt hat, was Abraham erleben mußte, ist für leichtfertige Scherze nicht mehr zu haben. Schal und bitter schmeckt ihm, worüber andere harmlos lachen.

Aber immerhin, Abraham durfte seinen Isaak behalten und ist zusammen mit seinem Kind wohlbehalten wieder bei Sara angekommen. Nicht jedem geht es so, im Gegenteil. Mancher Vater, manche Mutter hat das Sterben ihres Kindes hilflos mitansehen müssen und es zu Grabe getragen. Und andere wissen nicht einmal, wo ihr verlorenes Kind begraben liegt. In solchen Stunden tiefster Ohnmacht hat sich dann wohl das Wort aus dem Vaterunser aufgedrängt: „Dein Wille geschehe“, oder in der Fassung, in der es Jesus in Gethsemane gebetet hat, als er sein eigenes Leben opfern sollte: „Mein Vater, nicht wie ich will, sondern wie du willst“ (Mt 26,39). Vielleicht war da auch ein Pfarrer, der uns aufgefordert hat, zu diesem Gebet unsere Zuflucht zu nehmen. Es ist ein unendlich schwieriges Gebet, aber vielleicht das einzige, das uns noch bleibt. Hier verwandelt sich unsere Ohnmacht in ein Gebet der Hingabe an den rätselhaften Gotteswillen. Aber es ist besser, wenn ich meine Ohnmacht dem lebendigen Gott opfere, als daß ich dem Tod, der Vergänglichkeit und Sinnlosigkeit das letzte Wort lasse.

Jesu Gebet hat nicht nur einen Wortlaut, sondern auch einen Klang. Und jedes Gebet wird nicht nur mit dem Mund gebetet, sondern auch mit einer Einstellung oder Haltung der ganzen Person. Ich möchte nicht richten über Menschen, die in tiefster Verzweiflung Jesu Worte aus dem Garten Gethsemane nachsprechen. Aber ich habe es durchaus schon erlebt, wie Menschen sich auf das „Herr, nicht wie ich will, sondern wie Du willst“ einließen, und ich wurde das Gefühl nicht los: Sie sprechen es viel zu schnell. Sie sagen es so, weil man sie so gelehrt hat, aber sie benutzen das Gebet wie ein betäubendes Schmerzmittel. Sie entfliehen dem Widersinn, dem abgrundtiefen Rätsel dessen, was ihnen Schreckliches widerfahren ist, in ein allzu rasches Einwilligen in das, was doch eigentlich verzweifeltes Aufbegehren wecken muß. Sie wollen oder müssen frömmer sein als Hiob, ja frömmer als Jesus, der am Kreuz sterbend seinem Gott nur noch die Klage des Psalmisten „Mein Gott, mein Gott, warum hast du mich verlassen?“ entgegenschleuderte. Sie singen „Was Gott tut, das ist wohlgetan“, obwohl sie doch etwas erlebt haben, was schwerlich die Bezeichnung „Wohltat“ verdient, sondern ihr Gegenteil. Um Jesu Worte ehrlich nachzusprechen, wird es in der Regel eines langen Weges bedürfen, eines Weges, der so lang sein kann, daß auch ein langes Menschenleben dafür immer noch zu kurz ist.

Andere Menschen sprechen das Gethsemanegebet mit einem heroischen Unterton. Aber hat Jesus selbst es so gesprochen? Der biblische Bericht klingt anders. Er spricht von „Trauern“ und „Zagen“ (Mt 26,37), und Jesus selbst bekennt seinen Jüngern seine Todesangst mit den Worten: „Meine Seele ist betrübt bis an den Tod“ (V. 38). Heroismus – wer verlangt das von uns? Welches Gotteswort verbietet uns die Tränen? Wo werden wir dazu aufgerufen, in unserem Glauben über den Sohn Gottes hinauszuwachsen? Dürfen wir uns keine Schwäche erlauben? Müssen wir Helden von unbesiegbarer Kraft sein? Sind es nicht gerade Verzagtheit und Verzweiflung, Schmerzen und Tränen, die uns menschlich sein lassen? Soll uns dieser letzte Rest an Menschlichkeit auch noch genommen werden? Nein, wir lassen ihn uns nicht nehmen, und wir wissen: Der Weg der Einübung in das „Nicht wie ich will, sondern wie Du willst“ ist lang.

Andere sprechen das Gethsemanegebet in einem fatalistischen Ton. Es klingt ja auch seinem Wortlaut nach wie ein Ausdruck fatalistischer Ergebenheit, ein Sich-Schicken in das Unvermeidliche. Fatalistisch, das hieße, wenn wir es wörtlich übersetzen: schicksalhaft. Wir sagen ja auch: Jemand ergibt sich in sein Los. Aber hier gilt es, sorgfältig zu unterscheiden. Jesus ergibt sich in Gethsemane nicht in sein Schicksal, sondern er legt sich mit seinem Vater an. Das Schicksal ist stumm, es hat weder Mund noch Ohren. Jesus dagegen redet den an, der Mund und Ohr geschaffen hat. „Der das Ohr gepflanzt hat, sollte der nicht hören?“ (Ps 94,9). Das Schicksal ist nicht zufällig sächlichen Geschlechts, ein Es. Der, den Jesus in Gethsemane anruft, ist ein Du, ist Person. Ein Du kann ich herausfordern, und wenn es das Du Gottes wäre. Die Psalmen geben uns auf jeder Seite Anschauungsunterricht in dieser Kunst, Gott mit aller Leidenschaft und, wenn es sein kann oder muß, auch unter Tränen herauszufordern, mit ihm zu rechten und zu streiten, ihn auf die Anklagebank zu setzen und ihm den Prozeß zu machen. Nein, mit einer fatalistischen Interpretation des Gethsemanegebetes verfehlen wir, was es eigentlich für uns sein kann.

Wir haben eben an die Psalmbeter erinnert. Von ihnen können wir lernen, was ehrliches Beten ist, gerade auch im Blick auf das „Nicht wie ich will, sondern wie Du willst“. Dies Gebet verträgt viel Leidenschaft, viel Trotz, viel Verzweiflung und – vor allem – viele Tränen. Wenn Stimme und Körper dabei zittern, so ist das vielleicht auch eher ein Zeichen der Glaubwürdigkeit, als wenn die Stimme ruhig und beherrscht klingt. Es ist doch ein Gebet, in dem wir in einen Gotteswillen einwilligen, der von allem, was wir selber für uns und für andere wünschen, so weit entfernt ist wie ein Pol vom anderen. Und unser Wille soll sich in etwas fügen, was uns vermutlich bis ans Ende unseres Lebens rätselhaft bleiben wird! Ach, die leidigen Tröster, die alles erklären können! Sie tun unserer schwerverwundeten Seele nicht gut; besser sind die, die mit uns verzweifelt dem Rätsel standhalten. Der Weg, auf dem wir das Gethsemanegebet einüben, braucht Zeit, denn er ist lang, und sein Ende liegt immer jenseits aller unserer Horizonte.

Es gibt auch Menschen, die selbst in schwerster Not dies Gebet nicht beten, zumindest nicht mit Worten. Es will irgendwie nicht über ihre Lippen kommen. Aber sie beten es mit der Tat, mit ihrer Lebenshaltung. Was soll das heißen? Es gibt ein Gebet, das wir sprechen, und es gibt auch ein Gebet, das wir sind. „Ich bin Gebet", ich bin Klage, sagt der Beter des 109. Psalms (V. 4; Luthers Übersetzung: „Ich aber bete" entfernt sich in der entscheidenden Hinsicht vom hebräischen Original).

Daß ein Mensch sich in das Schreckliche fügt, das er nicht hindern kann, mag daran zu sehen sein, daß sie oder er das Leben nicht wegwirft. Es liegt so nahe, es ist so gut zu verstehen, wenn ein Mensch, dem Gott das Liebste genommen hat, nur noch vergessen möchte. Den Schmerz betäuben, weil er unerträglich erscheint, wie verständlich ist diese „Lösung"! Aber die Kraft, mit der jemand dieser Versuchung trotzt, ist Ausdruck gelebten Gebetes, erwächst aus der Hingabe an den fremden Willen des dunklen Gottes (Jes 45,15), mit dem ich nie fertig werde. Wie gut könnten wir es verstehen, wenn ein Hiob unserer Tage zum Zyniker oder Nihilisten wird. Gibt ihm nicht sein Leid das Recht dazu? Aber merkwürdigerweise werden die, denen Gott das Schrecklichste zugemutet hat, in der Regel nicht zu Predigern der Sinnlosigkeit. Auch das hat wohl etwas zu tun mit dem Gebet von Gethsemane, ob diese schwer geprüften Menschen es kennen oder nicht, ob sie es sprechen oder nicht: Sie sind Klage, sie sind Gebet.

Einswerden mit Gottes Herzenswünschen

Wer den biblischen Sprachgebrauch zum Thema „Gottes Wille“ untersucht, wird eine merkwürdige Beobachtung machen. In der griechischen Ursprache des Neuen Testaments ist das Wortfeld „wollen“, „Wille“ deutlich ausgeprägt und in fast allen Schichten der Überlieferung verbreitet. Ganz anders ist das Bild, das die hebräische Sprache im Alten Testament bietet. Ein Wort für „wollen“ oder gar ein Abstraktum „der Wille“ gibt es eigentlich überhaupt nicht. Wohl gibt es natürlich Befehle in großer Zahl, im alltäglichen Leben und in der Sprache des Glaubens. Wir haben ja auch den Imperativ als eine bevorzugte Redeweise Gottes herausgestellt. Aber Israel hat diese Redeform nicht auf den Begriff gebracht. Von einem Willen, zumal im ganz formalen Sinn einer Willensregung, die gut oder schlecht sein kann, mochte Israel offenbar nicht sprechen. Der abendländische Streit, ob der Wille Gottes dem Guten vorausgeht (indem er eben durch sein Wollen das Gute als Gutes deklariert), oder ob das Gute den Vorrang vor dem Willen Gottes hat, ließe sich auf dem Boden und mit den Mitteln der hebräischen Sprache nicht ausfechten. So etwas wie „Voluntarismus“ ist für den Hebräer ein Fremdwort im tieferen Sinne.

Die hebräische Sprache hat jedoch einige Vokabeln, die dem Wort „Wille“ nahekommen. Bezeichnenderweise meinen sie jedoch nicht die Willensregung als solche, sondern das, was jemand gerne hat, was jemand mag, was Gegenstand seiner Liebe, seiner Freude und seines Wohlgefallens ist. So hat auch Luther für diese hebräischen Wurzeln *(razah* und *chafaz)* in der Regel das deutsche Wort „Wohlgefallen“ gewählt. Wir kennen es vielleicht aus der Liturgie: „und den Menschen ein Wohlgefallen“, oder, wie es genauer heißen muß: „den Menschen sein Wohlgefallen“. Das Wort spricht von Menschen, an denen Gott Freude hat, die er leiden mag.

Diese sprachliche Beobachtung kann uns helfen, das Reden von Gottes Willen so zu füllen, wie es uns die hebräische Redeweise nahelegt. Gottes Wollen – das ist sein Lieben, das ist seine Freude an seinen Geschöpfen, seine Freude an bestimmten Taten, Zuständen und Verhältnissen. Darum haben wir manchmal auch von Gottes Wünschen gesprochen. Ja, von seinen Herzenswünschen sollten wir sprechen, denn nie ist das, was wir als Wille Gottes erfahren, nichts weiter als eine kalte und herzlose Forderung. Was immer Gott will, es kommt aus einem liebenden Herzen.

Gottes Willen erkennen und tun, das heißt dann, daß wir uns mit Gottes Herzenswünschen vertraut und sie uns zu eigen machen. Nun könnte es so aussehen, als stünden wir nun doch wieder vor einer dieser steilen, unerfüllbaren Forderungen, wie sie für radikale ethische Konzepte typisch sind. Aber eine solche Sicht der Dinge vergißt, was für den Glauben das wichtigste ist: daß Gott seine Herzenswünsche längst in unser Herz eingepflanzt hat.

In der Sprache der Bibel und der christlichen Lehre hören wir es so: Christus wohnt durch den Glauben in unseren Herzen (Eph 3,19), er ist in uns und wir in ihm. Gottes Wünsche stehen nicht wie unerreichbare Sterne an einem Himmel voller hoher und höchster Ideale, sondern sind Mensch geworden, sind menschlich geworden, und nun wohnen sie in unserer Mitte, unter uns und in uns.

So spricht Paulus (Gal 2,20) von dem in uns wohnenden Christus: „Ich lebe, doch nun nicht ich, sondern Christus lebt in mir." Es ist, als wolle er den scheinbar ganz normalen und in Wirklichkeit doch unangemessenen Ausdruck „Ich lebe" korrigieren. „Ich lebe, aber in Wirklichkeit, genaugenommen, bin gar nicht ich es, der da lebt, sondern Christus lebt in mir, und ich lebe durch ihn und für ihn."

Immer wieder versuche ich, diesen Satz gleichsam durchzukonjugieren: Ich lebe, doch eigentlich nicht ich, sondern Christus in mir. Das heißt auch: Ich atme, doch eigentlich nicht ich, sondern Christus in mir. Oder: Ich singe, aber besser nicht ich, sondern Christus singt in mir. Ich denke, ich klage, ich bete, ich hoffe, ich liebe – nein, Christus in mir und durch mich.

In diesem Sinn gilt auch: Ich sehne mich nach diesem oder jenem, aber in Wirklichkeit bin nicht ich es, sondern Christus in mir. Ich stecke voller Wünsche und Träume, voller Sehnsucht und Verlangen, aber eigentlich ist es ER.

Und der da in mir wohnt, der, den die Bibel Gottes Sohn nennt, ist die Mensch gewordene Hingabe an den Willen Gottes. In ihm ist das „Ja, Vater, ja, von Herzensgrund" Fleisch geworden. Er konnte von sich sagen: „Meine Speise ist die, daß ich tue den Willen des, der mich gesandt hat, und vollende sein Werk" (Joh 4,34). Er lebte davon, daß er gehorsam war. Sein Gehorsam aber ist – noch einmal sei es betont – nicht unerreichbares Ideal, sondern seine Lebenskraft in mir.

Auch das Gethsemanegebet betet er in mir, und wenn ich es spreche, dann vereinige ich meine Worte mit den seinen. Meine vielleicht hilflosen, keineswegs glaubwürdigen Worte werden aufgenommen und geläutert von seinen Worten. Nie bin ich allein, wenn ich bete, denn ER betet in mir, unaufhörlich und immer ehrlich.

Ich weiß, solange ich lebe, bin ich voller Wünsche. Ich weiß auch, daß viele meiner Wünsche töricht sind und daß es nur gut ist, wenn sie nicht in Erfüllung gehen. Andere sind engherzig, kleinkariert, von Angst bestimmt; so wie ich bin, so pflegen auch meine Wünsche zu sein. Aber was kann ich Besseres tun, als daß ich all meine kleinen Wünsche in das Feuer der großen Gotteswünsche werfe, so daß sie aufgehen in dem Verlangen und Sehnen Gottes, das allemal viel weiter und umfassender ist als mein Wünschen und Wollen? Sein großes Herz verlangt nach der Rettung aller Menschen (1Tim 2,4), ja aller seiner Geschöpfe. Und dieses große, weite Herz findet in unserem kleinen Herzen Platz! Denn darum ist Gott Mensch geworden, darum hat er nicht den Abstand zu uns gesucht, sondern die Nähe.

In seinem Willen ist mein Wille gut aufgehoben. Niemals muß ich befürchten, daß ich mich auf einen Weg der Selbstzerstörung begebe, wenn mein kleiner Wille in seinem Willen aufflammt. Vielleicht ist ja auch Kleinheit dann erst zu ertragen, wenn sie Beitrag zu etwas Größerem ist, Holz, das die Flamme nährt.

Gottes letztes Wort

Wir haben es schon einmal kurz gestreift, jenes Wort aus dem Gleichnis, das wir hoffentlich am Ende unseres Lebens hören werden: „Komm, du frommer und getreuer Knecht, gehe ein zu deines Herrn Freude“ (Mt 25,21). Am Anfang, so sahen wir, steht Gottes Wille zum Sein, der die Geschöpfe ins Dasein ruft. Am Ende steht sein Verlangen, seine Freude mit uns zu teilen.

Es ist wirklich ein letztes Wort, denn die Freude, zu der der „Knecht“ geladen ist, ist nicht ein vorübergehendes Lusterlebnis. Es gibt ja so viele schöne Veranstaltungen, aber irgendwann sind sie alle zu Ende, und es kann furchtbar enttäuschend und ernüchternd sein, wenn fühllose Saaldiener und Garderobefrauen die Besucher zur Eile mahnen und demonstrativ das Licht löschen. Gottes Fest dagegen ist ohne Ende, und seine Einladung ist gültig für alle Ewigkeit.

Aber wir tun gut, wenn wir diese Einladung nicht in die ferne Zukunft schieben, als habe sie mit unserer Gegenwart nichts zu tun. Ewigkeit heißt doch, daß nun offen zutage tritt, was das Leben in Wahrheit ist, was also schon heute gilt und unsichtbar über jeder Stunde unseres Lebens steht: daß wir eingeladen sind zur Teilhabe an der Freude Gottes, daß Gott seine Freude mit uns teilen möchte, daß wir uns mit ihm, an ihm und durch ihn freuen sollen.

Darum steht in unseren Kirchen vorne an hervorgehobener Stelle der Altar, Blickpunkt für jeden, der eintritt, und von jedem Platz aus zu sehen. Dieser Tisch ist manchmal merkwürdig und fremd anzusehen, so daß unser Auge in ihm kaum noch einen Tisch zu erkennen vermag und vielleicht sogar denkt, er sei nur dazu bestimmt, daß der Pastor dort seine vielen Bücher ablegen kann. Aber dieser Tisch verkündigt Gottes Herzenswunsch, er symbolisiert die herzliche Einladung unseres Herrn, die uns zur Freude, zum Freudenmahl ruft: „Kommt! Es ist alles bereit! Schmecket und sehet, wie freundlich der Herr ist!" Und wenn jemand auf die Frage, was der Wille Gottes denn nun eigentlich sei, eine bündige Antwort hören möchte, dann könnte ich nur sagen: Gott möchte liebend gern, daß ich mit dabei bin, wenn er an diesem Tisch seine Freude mit uns teilen möchte. Daß ich zu seiner Freude komme, das ist sein Wille in Zeit und Ewigkeit.

Die Reihe „Geistlich leben“ wird eröffnet von:

Gerhard Ruhbach

Geistlich leben

Wege zur einer Spiritualität im Alltag

96 Seiten. Taschenbuch
Bestell-Nr. 3-7655-5481-2

Auch unter Christen ist „geistliches Leben“ in vielen Fällen völlig unanschaulich geworden. Wie finden wir wieder dahin, daß geistliches Leben unseren Alltag bestimmt und durchströmt? Wie finden wir zu den Quellen geistlichen Lebens zurück, die durch Jahrhunderte Christen erquickt haben?

Die Reihe „Geistlich leben“ fügt sich nicht in den Reigen der Klagenden ein, sondern zeigt bewährte Wege auf zu neuem, frühlingshaftem Leben – gerade im Alltag.